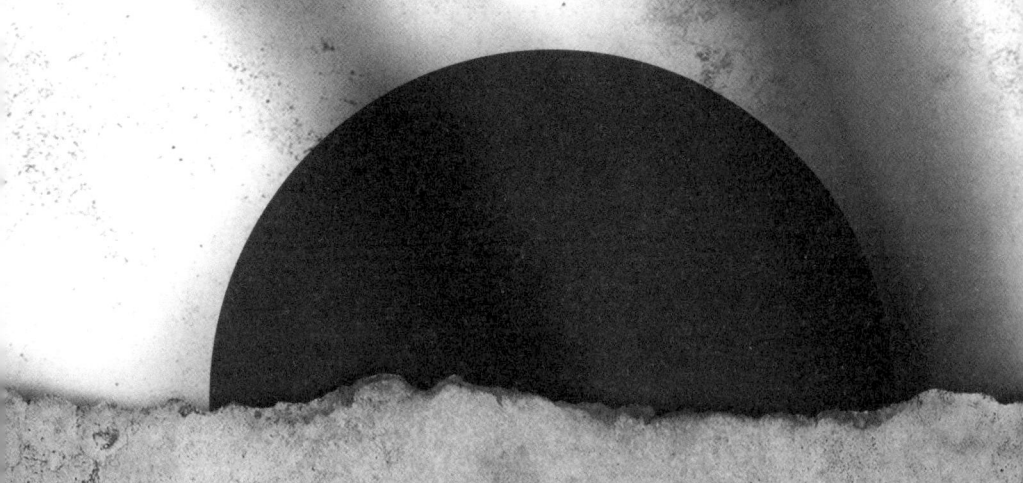

一億總下流?

MIYA

茂呂美耶

目次

超少子化

兩性關係

社會階級

流行語與事件

前言　「超級老人大國」的未來

二〇二五年，日本的「團塊世代」（嬰兒潮世代）都會成為年滿或超過七十五歲的「後期高齡者」，日本這個國家，也會升級成為五分之一人口是長者的「超級老人大國」。日本媒體不時在報導二〇二五年之後將面臨的社會保障費負擔問題，以及逐年增加的「憤怒老人」、「老害」、「老老相顧」所引發的問題。

除了老人問題，日本社會另有缺工問題、移民問題、單親家庭貧困問題、兒童貧困問題等，均有待解決。然而，坦白說，即便日本換了首相，應該也無法解決任何問題。日本首相的主要任務是盡量維持現狀，而非改革，因此首相是可以隨意換來換去的。只是，替換首相的決定權不在一般選民手中，而是取決於早已僵化的執政黨政治體系。

儘管許多民眾對這個政治體系極為不滿，卻因為大部分老人都只想維持現狀，而老人人口又占了選票大部分，也就很難進行改革。加之，日本所有在野黨都是無能之輩，不但缺乏篤定的國家觀、民族觀，更缺乏耳目一新的國防政見、外交政見，只會在國會議事堂大聲咆哮，或為反對而反對，更或乾脆打瞌睡，導致選民別無選擇，只能讓當前的執政黨持續掌權。

其實，二〇〇九年，日本曾有過一次改朝換代的經驗。無奈當時的在野民主黨實在太爛了，即便上了台，也因為不會執政，三年又三個月的掌權期間，換了三次首相，最終依舊被迫下台。正因為那次的政權更迭，凸顯出沒有執政經驗的在野黨，是缺乏領導能力的素人，只能永遠當在野黨，永遠不負責任地在國會議事堂叫囂，致使日本選民不敢再度讓在野黨上台。

不過，二〇二四年七月的東京都知事選舉結果，應該足以讓執政黨自民黨心驚膽戰。雖然仍是小池百合子當選了第三任都知事，但投票率與競選人物的得票率，在在都彰顯了日本年輕世代，亦是網路世代的心聲。他們渴望新生代政治家出現，一反既往地踴躍去投票，然後將貴重的一票投給了半路殺出來的黑馬石丸伸二（前廣島縣安藝高田市長），讓黑馬排行第二，得票率突破兩成四。當選的小池百合子，雖然得票率將近四成三，但終究沒有過半，更何況在二十九歲以下的選民中有四成一，無黨派選民中有三成七，男性選民中有三成三，都支持當時四十一歲的石丸伸二。總之，石丸伸二在這次的東京都知事選舉中，一舉成名，從本來僅限一部分人知道的政治網紅，晉升為全國性知名人物，後續將如何發展，值得關注。

接著是，二〇二四年九月的自民黨總裁（黨主席）選舉，出現了九名候選人角逐。這九名候選人，在長達十五天的競選期間，連天在傳統電視台或網路電視台節目中，進行政見公開討論會。對日本國民來說，領導級政治人物聚集一起，公開討論各人的政見及思想，實為難能可見的鏡頭。儘管候選人各持己見，大家也都能平心靜氣，甚至有說有笑地聊起上次我收了你的什麼什麼伴手禮，你收了我的什麼什麼伴手禮等，和氣融融，非常有看頭。

除去某些能力不足的候選人，大家不愧是敢出來競選國家元首的人物，針對各種關鍵議題，均能講得頭頭是道，有條有理，也讓關心國事的所有國民，可以檢視各候選人於登上總裁及首相寶座後，可能實施的政策。

自民黨總裁選於九月二十七日開票，而在這之前的二十三日，日本立憲民主黨召開臨時黨大會，選出了日本前首相（民主黨掌權期間）野田佳彥（六十七歲）為新任黨魁。或許受到此影響，自民黨總裁選的開票結果，讓前幹事長石破茂（六十七歲）

獲得了最終勝利。其實在第一輪投票中，明明可以讓日本出現政治史上第一位女首相（高市早苗，六十三歲）的，不料在第二輪決勝投票中，石破茂竟反敗為勝，成為自民黨新總裁，亦是日本第一百零二任首相。

憑心而論，既然日本最大在野黨的新黨魁是野田佳彥，那麼，在國會議事堂的辯論會中，有能力應付野田佳彥的自民黨總裁候選人，怎麼看就只有石破茂一人。因為野田佳彥在日本政壇中是屈指可數的雄辯家，而石破茂的知識教養及政壇經驗，均與野田佳彥旗鼓相當，甚至連某些政見思想都極為相近。果不其然，石破茂當選後，日本電視台立即安排了石破茂和野田佳彥的黨魁討論會節目。觀看這兩人的討論會，我個人只有一個感想：安靜、沉穩、淡定。我也首次明白，原來這才是「成熟大人的政治家」應有的談吐。

話說回來，老人問題固然是燙手山芋，但當務之急應該是少子化問題。近年來，日本政治界和民間企業，為了少子化問題而開始採取種種措施，大眾媒體也將人口下降視為百害而無一利，認為日本經濟的最大問題正是人口構造。不過，也有少部分人深信，人口下降會讓日本下一代人變得更好。

日本於五〇年代至七〇年代，約二十年的戰後經濟奇蹟期間，曾發生過人口過多問題。戰後嬰兒潮世代（團塊世代）出生後，西方國家流行起一種「人口爆炸論」悲觀主義，認為人口增長會引發資源危機、糧食危機、生態危機等。尤其是新興國家的人口增長速度相當快，這些提倡「人口爆炸論」的西方學者，均大力強調必須控制人口增長。然而，人口增長或萎縮，均非國家可以控制的問題，再者，這些學者或智囊組織的理論，於半個世紀後全被推翻了。因此，換個角度來看的話，或許，少子化問題並非壞事，反倒是喜事。

先不論其他國家，就拿人口正在降低的日本來看。一般說來，人口減少的社會，需求會隨之下降，進而導致經濟萎縮。只是，除去一些未公開數據的中東國家，目前，日本是全球最富有的國家，而且連續三十三年位居全球最大淨資產國（純債權國）地位。事實上，截至二〇二三年底，日本政府、企業、個人投資者所持有的海外資產，減去海外負債所得的對外淨資產餘額，比前一年增加了十二・二％，多達四千七百一十兆三千億日圓。美國則為全球最大純債務國，海外淨資產為負數。

另一方面，日本的家庭金融資產約有兩千兆日圓，其中，五成四是現金，也就是存款。由於日本家庭不擅長投資，儘管銀行的利率幾乎是零，這些現金依舊躺在銀行的帳戶中。

對日本來說，少子化、高齡化、人口萎縮問題都已經邁入了後半場，每年的死亡人數也將逐年增加，二〇二三年的死亡人數為一百五十七萬六千人（概數，日本總務省統計局於二〇二四年六月發表），估計到了二〇四〇年，年間死亡人數將增至一百六十七萬人。高齡者死亡人數增加，表示資產會轉移至下一代人手中，專家預測，今後約三十年間，日本將迎來「大繼承時代」。

此時，如果父母世代和子孫世代的居住地區不同，資產的流動也會跨越地區，導致家庭資產的區域分布發生變化。例如，居住在北海道的父母過世，居住在東京的子女繼承了遺產，家庭資產將從北海道轉移到東京，致使日本國內的資產會益發集中在東京。專家根據多項統計數據估計，今後三十年左右，將有六百五十兆日圓的家庭資產，會轉移至子女手中，其中約有兩成的一百二十五兆日圓，將會跨越地區轉移。企業的海外資產或許不易轉移，但個人的外國股票和外國債券等，都將由下一代人繼承，即便不轉移，光是巨額的利息和紅利，便可讓下一代人衣食無憂。

換句話說，日本下一代人的人口確實會減少，但他們所繼承的資產將會比其他國家的下一代人多出許多。國家和家庭都擁有大量資產，高齡者的死亡人數逐年增多，這意味著，隨著人口數量減少，下一代人所繼承的份額也會隨之增多。而且，人口減少，表示支出也會減少，遺產的一部分也會因遺產稅而成為政府的稅收，國庫不愁無資金。雖然不一定意味所有人都會變得富有，但人口減少確實表示，有資格繼承遺產的人數也會隨之減少。在這樣一個現金飽滿的國家中，只要政治家有能力控制稅收與支出，應該有辦法讓日本下一代人活得更舒服。

第一章

超高齡化

日本終將不復存在

美國電動車大廠特斯拉（Tesla）創辦人暨執行長，亦是曾登上世界首富寶座的科技鉅子伊隆．馬斯克（Elon Reeve Musk），於二〇二二年五月八日，在社群媒體平台X（推特／Twitter）回應一名用戶所引用的一份報導時，直率表示：「冒險說句顯而易見的話，除非有什麼改變，讓出生率超過死亡率，否則日本終將不復存在。這將是全世界的一個巨大損失。」

這則推文經日本媒體爭相報導後，引發不少日本政經專家與日本網民，先後加入了一場毫無意義的網路論戰。馬斯克回應的那名推特用戶所引用的報導，是日本總務省發表的人口普查數據報告「人口推計」。內容提及日本人口連續十一年下滑，二〇二一年的人口，比二〇二〇年減少了六十四萬四千人，創下有史以來最大跌幅的〇．五一%，總人口降至約一億二千五百五十萬人。

日本人口確實於二〇〇八年達最高峰的一億二千八百萬人之後，便因出生率降低而一直下滑，且今後將不斷加速下滑。二〇二一年減少的六十四萬四千人中，有三萬多是外籍人士，他們因受到新冠肺炎疫情影響，選擇離開了日本。馬斯克的「日本終將不復存在」推文，不但引發日文網民爭長論短，也讓英文網民針對移民政策、孩子養育成本等問題，爭先恐後地各抒己見，一片譁然。之後，二〇二四年二月底，馬斯克再度貼出「如果沒有改變，日本將會消滅」的推文，因為日本於二〇二三年的新生兒數量是七十五萬八千人（概數，日本總務省統計局於二〇二四年二月發表），較前一年減少了五・一％，創下最低水平，變成生一個嬰兒，死兩個老人的狀況。

・少子高齡化的國難問題——

說起來，早在三十多年前，日本的人口結構問題便已經明顯化了。雖然日本政府針對此問題進行了不少改革與對策措施，卻始終無濟於事。直至今日，日本人口依舊持續著逐年老化的趨勢，總和生育率（育齡婦女一生中的生育子女總數，簡稱「生育率」）世界排行，依舊在倒數算起來比較快的底層徘徊。

高齡者人口增多，導致死亡人數攀升，形成「多死社會」，火葬場及墓園問題浮出水面。未婚男女及平均壽命不停增長的獨居高齡女性大增，形成「獨居社會」，寧靜的獨門獨戶住宅區內，放眼望去均是動作緩慢的老太太。青壯年勞動人口短缺，導致社會保障負擔沉重，每不到兩名工作人口，需扶養一名老人或小孩的依賴人口。總人口數減少，稅收與市場也隨之縮小，國內生產總值（GDP）下跌，導致國力衰退。

比起世界其他各國，日本總是率先面臨許多國際上前所未有的，而且必須急迫解決的棘手問題，因此成為引領全世界的「課題先進國」。其中，少子高齡化問題幾乎可以說是國難，正在緩緩地拖垮國家，驅策日本一步步退出先進國家行列，甚至有可能讓日本成為位於遠東的一個貧弱小國。

一般說來，零至十四歲為幼年人口，十五至六十四歲為青壯年人口，六十五歲以上為高齡者人口。幼年與高齡者人口均是依賴人口，青壯年人口則為支撐社會的主要人力資源，也是扶養依賴人口的主力部隊。青壯年人口負擔輕重的指標，稱為「扶養比」，比率愈大，表示負擔愈沉重。

日本厚生勞動省麾下機關「國立社會保障・人口問題研究所」推估，日本的高齡者人口比率於二〇二四年會超出三十％。到了二〇三〇年時，高齡者人口比率達三十一・

八%，形成大約每三人中，有一人是六十五歲以上的高齡者，高齡者人口與青壯年人口的比率是一比一·八。二十至三十九歲的分娩育兒主力軍女性，則只占總人口的九·八%。

根據聯合國世界衛生組織（WHO）定義，六十五歲以上的高齡者人口，占總人口的比率超過七%時，稱為「高齡化社會」（aging society），超過十四%時則為「高齡社會」（aged society），超過二十%便是「超高齡社會」（super-aged society）。

日本在一九七〇年邁入了高齡化社會，一九九四年迎來高齡社會，二〇〇七年跨進了超高齡社會。從高齡化社會轉化為高齡社會的速度，日本僅花費了二十四年，比起德國四十年（一九三二～一九七二）、英國四十六年（一九二九～一九七五）、美國七十二年（一九四二～二〇一四）、瑞典八十五年（一八八七～一九七二）、法國一百二十六年（一八六四～一九九〇），日本的人口老化速度快得驚人。在東亞方面，新加坡是十七年（二〇〇四～二〇二一），韓國是十八年（二〇〇〇～二〇一八），中國是二十三年（二〇〇二～二〇二五），台灣是二十五年（一九九三～二〇一八）。不過，新加坡和中國的老化問題尚未完全表面化，唯有韓國與台灣，緊跟著日本亦步亦趨，將於二〇二五年同時邁入超高齡社會。

・節育政策、少子化政策的影響——

日本的人口下降與人口老化問題，之所以會如此快速表面化，是因為在第一波嬰兒潮之後，政府倡導節育觀念，積極實施家庭計畫政策，導致墮胎率驟增，生育率也隨之驟降。第一波嬰兒潮是一九四七年至一九四九年，當時，第二次世界大戰結束不久，大批男人從舊殖民地或戰地歸國，促使每年出生人數平均多達二百七十萬人。三年下來，總計八百零六萬人，生育率高達四・三％以上。這個世代的人被稱為「團塊世代」（団塊の世代）。

緊接而來的一九五〇年，出生人數竟一口氣減少了三十六萬人。據說，當時占領日本的駐日盟軍總司令（GHQ），誘導吉田茂內閣大力推行計畫生育政策。因為日本帝國政府於戰時中實施「人口戰」國策，鼓勵國民多生多養，以增強國力。對美國來說，敵國人口膨脹當然有害無益。此外，「團塊世代」的出生總數，也令駐日盟軍總司令考慮到食糧不足問題，於是利用女性議員及醫師出身的國會議員，一方面進行避孕知識以及節育觀念普及運動，另一方面於一九四八年強行通過《優生保護法》（現已廢除其中違反人權的條例，改名為《母體保護法》），不但讓墮胎合法化，更針對某些特定族群實施強制絕育手術。

日本政府起初不同意推行人口控制政策，卻奈何不了。畢竟對當時的日本政府來說，恢復國家主權、回歸國際社會等事項，比人口控制政策更重要，於是日本政府也只能改變施政方針。也因此，一九五〇年的合法墮胎總數高達三十二萬多例，比前一年多出三倍，墮胎率（每一千名十五至四十四歲的婦女的墮胎數量）為十五・一％。之後，墮胎率每年都節節攀升。一九五五年時，合法墮胎總數達最高紀錄的一百一十七萬例，墮胎率飆至五十・二％，對比同一年的出生率，是六十七・六％。意思是，出生一百名新生人口，人工流產案例是六十七・六例。此時，日本的生育率已經降至二・三七％。當時，除了義大利（二・三三％）、瑞士（二・三三％）、瑞典（二・二四％）、英國（二・二二％），其他國家的生育率都比日本高，美國是三・五一％，加拿大為三・七四％，澳大利亞則有三・二七％。

進入一九六〇年代之後，日本迎來經濟發展高潮，正式跨入高速成長期。急速的經濟發展致使勞動人口短缺，政府主導的人口控制國策才逐漸走向回頭路。

接著，一九七一年至一九七四年，「團塊世代」正值結婚生子高峰期，於是爆發了第二波嬰兒潮。每年出生人數平均約二百一十萬人，總計八百多萬人，生育率是二・一％。這個世代被稱為「團塊第二代」（団塊ジュニア）。按理說，「團塊第二代」在一九九五年至二〇〇〇年代期間，應該可以再掀起第三波嬰兒潮。無奈，人算不如天算，種種理由，令

「團塊第二代」走上了不婚、不生、不養之路，而這又是另一個故事了。

第二波嬰兒潮持續了四年，日本也歷經了一九六四年的東京奧運會、一九七〇年的大阪萬博，成為全球矚目的亞洲優等生。就在此時期，研討未來學的國際智囊機構羅馬俱樂部（Club of Rome），於一九七二年，發表了對世界人口快速增長的模型分析結果報告《增長的極限》（《*The Limits to Growth*》），給全世界帶來很大衝擊。翌年十月，又發生了第一次石油危機。亞洲優等生的日本，便打算爭做新時代的先鋒楷模，於一九七四年再度推出少子化政策，呼籲社會大眾支持「兩個孩子恰恰好」家庭計畫。

當時，日本的全國性大報與電視台自不在話下，就連北海道乃至沖繩縣等地的地方小報與地方電視台，亦透過社論、專欄、漫畫、午間綜合電視節目等宣傳手段，奮力代政府給國民洗腦。學校也不遺餘力地進行「人口爆炸將導致資源短缺」之啟蒙教育。

一九七〇年代的日本，人們喜歡一窩蜂跟隨潮流付諸行動，民眾也相當信任執政政府與傳統媒體，是個做任何事都要呼朋引伴的時代。也就是說，當時的日本大眾，深受報紙和電視等傳統媒體所影響，繼而左右甚至決定他們的行動及思想。美其名曰團結一心，實則缺乏自主性，這種國民性在新冠肺炎期間更是展露無遺。

結果，少子化政策奏效了，日本的生育率一路下降。待「團塊世代」完全脫離了生育年齡期的一九八九年（平成元年）時，生育率已經降至戰後最低水平的一·五七％，人們稱之為「一·五七衝擊」。此時，日本政府才後知後覺地於一九九一年制定了《育兒、介護休業法》（育兒、照護休假法），讓日本男性也有權取得育嬰假。

只是，一九九一年也是泡沫經濟正式崩潰，日本跨入平成經濟大蕭條時代的第一年。說實話，政府智囊團隊應該也沒有餘裕去思考什麼少子化對策，光是泡沫經濟破裂後的不良債權問題、相繼爆發的證券金融弊案、波斯灣戰爭的經濟付出，以及人口急速老化問題，就夠他們一個頭兩個大了。如此，新生兒數量一路遞減，老人死亡率與日俱增，終於自二〇〇五年起，日本的總人口數開始逐年縮減，生育率更降至一·二六％，創歷史新低。

倘若日本政府再不採取移民政策或其他有效方針，照此下去，一百年後，日本的總人口數將與一百年前的大正時代最後一年（一九二五）一樣，只剩將近六千萬人。屆時，確實真會應驗了馬斯克所說的「日本終將不復存在」這句話。

附記：文章中的數據來源皆為日本「國立社會保障・人口問題研究所」二〇二二年《人口統計資料集》、日本總務省統計局。

二〇二五年「後期高齡者」醫療制度問題

・五個人中，有一人是七十五歲以上的「後期高齡者」——

對台灣和韓國來說，二〇二五年是「超高齡社會」元年，六十五歲以上的高齡者人口，將占總人口兩成以上。換句話說，五個人中，有一人是長者。而對早已於二〇〇七年便邁入了超高齡社會的日本來說，「二〇二五年問題」更是個避不開也躲不了的必經課題。

日本人口結構中，有一塊異常龐大的群體，人稱「團塊世代」，是一九四七至一九四九年，第一波嬰兒潮時期出生的人口，出生數約有八百多萬人。而根據二〇二〇年的日本國勢調查結果，目前「團塊世代」約有五百九十六萬人，占總人口四・七％。也就是說，每二十個日本人中，就有一個是「團塊世代」。

二〇二二年起，這一龐大群體，便前後相繼不斷地年屆七十五歲。到了二〇二五年，所有「團塊世代」都會成為滿七十五歲的「後期高齡者」。若包括原有的七十五歲以上的人口，日本的「後期高齡者」人數會上漲至二千一百七十九萬人，占總人口十八%以上。也就是說，五個人中，有一人是七十五歲以上的「後期高齡者」，這正是令日本政府急於修訂老年醫療制度的「二〇二五年問題」。

何謂「後期高齡者」？依聯合國世界衛生組織（WHO）定義，六十五至七十四歲為「前期高齡者（young-old）」，七十五至八十四歲為「後期高齡者（old-old）」，八十五歲以上長者則稱為「超高齡者（older-old）」。日本老年醫療制度的名稱均按此標準而定。所有年滿七十五歲的「後期高齡者」，都會自動退出之前的健保制度，再自動加入七十五歲以上的人專屬的「後期高齡者醫療制度」。

目前，日本的公共醫療保險制度，主要結構有三種：一是「職域保險」，職業協會或工會等的社會保險，如企業員工、船員、公務員及其扶養眷屬等，簡稱「社保」，由公司或工會代付一半保險費；另一是「地域保險」，也就是國民健康保險，簡稱「國保」，讓非上班族以及外籍居民加入，個人全額負擔保險費；最後一項正是七十五歲以上的「後期高齡者醫療制度」。這三種健保涵蓋了所有日本國民，包括長期居住日本的外籍人士，總計一億兩千四百萬人以上，是全世界規模最大的醫療保險制度。

日本的健保制度始於一九二二年，一九六一年實施全民健保，之後，經歷了多次修訂與改革，制度變得非常複雜，而且必須定期更新健保卡。不過，無論「社保」、「國保」或是「後期」，共通點是六歲至六十九歲的人，在醫院門診會計窗口付費時，占比一律是七比三。也就是說，醫藥費若是一千日圓，你只需付三百日圓即可，剩下的七成由健保負擔。七十歲至七十四歲的「前期高齡者」，自付額是兩成。七十五歲以上的「後期高齡者」，自付額為一成。例外是收入與在職者持平的人，無論「前期」或「後期」，自付額均為三成。但這些人的比率非常少，尤其是自付額三成的「後期高齡者」，只占百分之七。（**「收入與在職者持平」的條件，為應納稅所得達一百四十五萬日圓以上；後期高齡者單人家庭，年總收入含年金達三百八十三萬日圓以上；後期高齡者兩人以上家庭，年總收入含年金達五百二十萬日圓以上。**）

至於學齡前兒童，基本上是兩成。不過，日本全國各個基層行政區的市區町村自治體，都有乳幼兒醫療費補助金制度。簡單說來，學齡前兒童的門診窗口自付額，可以說是零。而且，半數以上的地方自治體，都將補助金制度的對象年齡，設在中學畢業的十五歲年度（十五歲生日過後的第一個三月三十一日為止），更有四成以上的地方自治體，設在高中畢業的十八歲年度。制度內容依各個地方自治體而有異，相當複雜，無法逐條說明。例如，東京都千代田區的乳幼兒醫療費補助金制度對象，是直至高中畢業的十八歲年度，且不限父母收入多少，但其他區的條件又各不相同。

總之，日本未成年者的醫療費個人負擔，不是近乎免費，就是非常低價，幾乎全是公費。儘管如此，在政府的年度醫療費總額確定值中，未滿十五歲年齡層的支出比率，僅占四·九%，而七十五歲以上年齡層的支出，則占了將近四成的三十九%（日本厚生勞動省二〇二〇年統計結果）。

・高齡者醫療費、長照問題——

老年人口逐年遞增，政府給付的高齡者醫療費也就隨之持續膨脹。日本厚生勞動省於二〇二二年九月公布，二〇二一年支付給醫療機構的概算醫療費，創史上新高，達四十四·二兆日圓。其中，「後期高齡者」的全年醫療費，高達一般國民平均水準（約三十五·二萬日圓）的三倍（九十三·九萬日圓）。若和未滿七十五歲年齡層的平均水準（約二十三·五萬日圓）相較，則約為四倍。

日本財務省推算，待將近六百萬人的「團塊世代」都加入「後期高齡者醫療制度」後，二〇二五年的醫療給付費預算，將飆至五十四·九兆日圓。換個較具有現實感的說法，便是，目前負責支撐四成健保費的勞動人口（十五至六十四歲），負擔率會增加三成左右。**（概算醫療費，是扣除勞保和全額自費等費用後的估算值統計速報，約為一年後發表的醫療費總額確定值的百分之九十八。）**

也因此，日本政府於二〇二一年，在日本國會參議院全體會議上，通過了《醫療制度改革關連法》，將「後期高齡者」在醫療機構支付的自付額，按照該人收入，分為三級距，從過去的一成提高至兩成與三成。二〇二二年十月起，正式實施。第一級距，是收入與在職者持平的人，一如既往，自付三成。第二級距，是被保險者的市縣民稅（居民稅）應納稅所得額達二十八萬日圓以上，並且，後期高齡者單人家庭年總收入（含年金）達二百萬日圓以上，後期高齡者兩人以上家庭年總收入（含年金）達三百二十萬日圓以上，自付額均提高為兩成。第三級距，則為後期高齡者單人家庭年總收入（含年金）未滿二百萬日圓，後期高齡者兩人以上家庭年總收入（含年金）未滿三百二十萬日圓，自付額均為一成。

這項醫療改革的主要對象是第二級距的「後期高齡者」。據統計，負擔兩成的「後期高齡者」人數約為三百七十萬人，占七十五歲以上年齡層總體的二十%。只是，考量到當事人的經濟負擔，新制實施後，至二〇二五年九月底為止，門診窗口自付上限金額設為每月三千日圓（不含住院醫療費用）。而這項改革結果，據說只能讓支撐四成健保費的納稅世代，平均一年減輕七百日圓保險費而已。

不僅醫療費，其他還有「介護保險制度」，亦即長期照護保險制度。二〇二二年的日本長照給付費用，總計（包括個人自付）十一．一九兆日圓，每年都在創史上新高。費用可以利用增稅或發行國債填補，但照顧服務員（簡稱「照服員」）人力短缺問題極為嚴重。據日本厚生勞動省公布，到了二〇二六年，至少需要二百四十萬名照服員，二〇四〇年則需要二百七十二萬名照服員，然而，二〇二二年的照服員統計數字是二百一十五萬名。也就是說，每年需增加六萬名照服員才得以撐持。

年間死亡人數也會在二〇二五年增至一百六十萬人，其中，六十五歲以上的高齡者死亡人數約有一百四十萬人。屆時，家屬很可能無法在醫院為老人家送終，因此，除了「在宅醫療」體制，更需加強居家臨終等醫療支援體制。畢竟只有醫師才能簽發死亡證明書，否則，親人在家離世後，沒有醫師證實病人是自然死亡的話，很可能會引來警方介入調查。而目前，雖然日本政府大力推行在宅醫療、居家照護等政策，無奈提供二十四小時上門服務的家庭醫生與醫務人員團隊，仍處於供不應求的局面。除了健保醫療費激增、介護保險費（長照保險費）暴漲、照服員短缺問題，其他另有勞動力短缺、醫師與醫護人員不足、社會保障費用增長、無人使用的空置房屋有增無減、殯葬設施不足等問題。根據各種統計數字，日本厚生勞動省所描繪出的「二〇二五年的日本社會景象」，大致如下：

人口構造：

- 〇～十九歲，一千九百四十三萬人，占總人口十六％；
- 二〇～六十四歲，六千六百三十五萬人，占總人口五十四％；
- 六十五～七十四歲，一千四百九十七萬人，占總人口十二％；
- 七十五歲以上，二千一百七十九萬人，占總人口十八％；

總人口約為一億二千二百五十四萬人。

失智症高齡者數：

突破七百萬人。每五名六十五歲以上的高齡者中，就有一名失智症患者。

高齡者家庭戶數：

一千八百四十萬家戶。

其中，六百八十萬家戶是獨居的單人家戶，占總家庭戶數的三十六・九％；六百零九萬戶是夫妻倆家戶，占總家庭戶數的三十三・一％。

年間死亡人數：

約有一百六十萬人。其中，六十五歲以上高齡者約有一百四十萬人。

高齡者居住圈：

高齡者人口集中在首都圈、關西的都會區。

增加人數排行為埼玉縣、東京都、神奈川縣、千葉縣、大阪府。

活到老、做到老，晚年活得更有尊嚴

‧高齡者的高勞動就業率——

日本高齡者的勞動就業率非常高，即便在六十歲或六十五歲迎來退休，也有很多人不願意待在家中無所事事，寧願再度融入社會，實現活到老、做到老、掙到老的新時代勞動觀念。畢竟一般人的平均壽命愈來愈長，六十歲過後，與其選擇窩在家中，日後直接或間接成為子女及社會的寄生族，不如選擇繼續工作，自己養活自己要來得自由些。唯有維持經濟獨立自主的生活，晚年才能活得更有尊嚴。

二〇二三年九月的「敬老日」，日本總務省發表了一份高齡者統計報告，指出二〇二二年的高齡者就業率為二十五‧二％，亦即每四個高齡者中，有一人仍在工作。高齡者就業率，意指「正在從事有酬工作、或因故暫時停工的勞動者占六十五歲以上總人口的比率」。若將年齡限定在六十五歲至六十九歲之間，就業率則為過半的五十．八％，亦即每兩個人中，有一人仍在工作；按性別來看，男性同年齡層中的就業者有六成，女性同年齡層中的就業者有四成。七十至七十四歲的就業率為三十三．五％，男性中有四成，女性中有兩成五。七十五歲以上則為十一％，男性中有一成六，女性則不及一成，只有將近八％。由這些數字可以看出，日本已經跨入了活到老、做到老的「人生百年時代」，同時也反映出缺工問題相當嚴重的現狀。

與其他主要國家相較，更可以看出日本的高齡者有多忙碌。據經濟合作暨發展組織（OECD）統計數據，二〇二二年，高齡者就業率最高的國家是韓國，為三十六．二％。日本居次。美國為十八．六％，加拿大為十三．九％，英國為十．九％，德國為八．四％，義大利為四．九％，法國為三．九％。比起十年前，歐美國家的高齡者就業率均有上昇傾向，就連高齡者就業率最低的法國，也增加了一．七倍（二〇一二年是二．三％）。

一般說來，歐美國家的勞動者，只要到了可以領取年金的年齡，他們通常會選擇退休。英國和西班牙的現行退休年齡（領取年金年齡）為六十六歲，但西班牙將於二〇二七年提高至六十七歲。德國、義大利、丹麥的退休年齡均為六十七歲，荷蘭於二〇二四年提高至六十七歲，之後每年的領取年金起始年齡將延後八個月。只是，各國的退休金與年金制度天差地別，實在無法比較出孰優孰劣。

在先進國家中，法國是退休年齡最低的國家之一，卻也因為如此，政府的養老退休金支出遠超過其他國家，於二〇二〇年達最高峰，占GDP的十四・七％。二〇二三年三月，法國總統馬克宏（Emmanuel Macron）動用憲法，強行通過年金改革法案。法案條例之一，是將退休年齡從現行的六十二歲，提高至六十四歲，引起了數千名巴黎民眾上街抗議。示威群眾不但在商場亂噴紅色粉塵，在街頭縱火焚車燒垃圾，甚至連清潔員也加入了罷工行列，導致大街小巷堆滿了黑色垃圾袋和廢棄物，「花都」臭氣沖天，數百人遭逮捕。

不僅巴黎，法國全國各大城市都鬧得雞犬不寧。這種社會現象，在多數日本人眼中看去，只覺得不可思議。年金改革是所有先進工業國家無可迴避的課題之一，現在不改革，難道非得逼得下一代人陷入「活到老，窮到死」之困境不可嗎？不過，世事難料，或許，十年二十年後，法國的高齡者就業率會急劇升高也說不定。

比起重視休閒的法國人，日本人確實比較接近「工作狂」，大多數人於退休後仍想出去工作。在《令和五年高齡社會白皮書》中，數據顯示，六十歲以上的世代，有將近九成的人都希望可以工作到七十歲以上，甚至有四成的人希望可以做到不能做的那一天。日本的六十至六十四歲的高年級就業率，達七十三％，同年齡層男性中有八成以上，同年齡層女性中也有六成以上都仍在工作。

之所以想繼續工作的理由，依不同年齡層而有別。其中，最常見的理由是「想確保固定收入」、「想保持身心健康」、「想發揮自己的專長與經驗」、「不想與社會脫節」等。他們所從事的職業類型，大部分是兼職、臨時工，也就是時薪制的「非正規僱用」（非正職員工），占總體的七十六・四％（某些擔任董事、幹部等職務的高齡者除外）。可以享受公司福利，並可以領取冬、夏兩次獎金的月薪制「正規僱用」，亦即正職員工的「正社員」，則占二十三・六％。

「非正規僱用」的工作形態十分多元，可以是一星期工作兩天，也可以是一星期工作三個上午或兩個下午，更可以是一星期工作五天。畢竟高齡者的體力、視力、記憶力均減退了，選擇可以自由調整工時的工作，可能導致年收入銳減，但在各方面都較為自由。

日本政府也為因應少子化超高齡社會，多年來積極推出不少支援和促進高齡者就業的措施，例如改善勞動條件、延長退休年齡等。前者代表是二〇二一年四月施行的同工同酬制度，目的試圖縮小非正職員工、外籍勞工、女性員工等，與正職員工之間的待遇差距；後者代表則為同時實施的《改正高年齡僱用安定法》，企業須履行員工退休年齡為六十五歲的義務，並盡力將退休年齡提高至七十歲。

・企業積極僱用高齡者——

據日本厚生勞動省於二〇二二年十二月公布的統計，日本有九九・九％的企業，都在實施高齡者僱用措施。主要措施為「繼續僱用制度」（七十・六％）、「六十五歲退休制度」（二十二・二％）、「可以繼續工作至六十六歲以上」（四十・七％）、「廢除退休制度」（三・九％）。整體說來，約有八成企業均可以讓員工持續工作至六十五歲以上。

其中，占大多數的「繼續僱用制度」，並非表示年薪照舊，而是在六十歲時一度脫離「正社員」身分，之後重新簽約成為有期限的「契約社員」或「特約社員」。這時，不但年薪會降低四至六成左右，在職場的地位也會一落千丈，很可能變成「往昔的部下是眼前的上司」狀況。不過，「契約社員」或「特約社員」的工作責任會大為減輕，工作時間也能做彈性調整，而且通常不用加班。

積極實施高齡者僱用措施的企業，較為著名的有大型家電量販企業的野島電器

（Nojima），於二〇二一年十月，廢除了僱用年齡限制，並且聲稱，即便八十歲以上，也可以來應徵當新進員工。例如在第一線門市上班的高齡者，一星期工作四天，一天工作五小時的話，月薪大約有十二萬日圓。月薪加上六十五歲生日過後開始領取的年金，應該可以過上不愁吃也不愁穿的日子。拉鏈製造廠商的ＹＫＫ集團，也於二〇二一年四月，廢除了六十五歲退休制度。雖然這種做法會讓企業的僱用成本上漲，員工人才也無法去舊換新，卻總比因少子化問題而招聘不到新進員工要來得好。

高齡就業者所從事的行業，以「批發及零售業」居首位，其次是「農、林業」，第三是「服務業」，最後是「醫療保健及福祉業」。若按行業就業人口比率來看，「農、林業」的高齡者最多，占總體的五十二・六％，接著依次為「不動產及物品租賃業」、「服務業」、「與生活有關的服務業、娛樂業」等。「農、林業」從事者中，半數以上是高齡者的話，表示農業和林業的生產現場，均面臨嚴重的缺工、後繼者不足問題。

日本的林業於一九八〇年代達高峰期之後，即因需求低迷，以及價格競爭敗給了進口木材，林業生產活動始終處於停滯期。人工杉林沒人砍伐，導致花粉症患者逐年遞增；山林所有者將山林租賣給光電廠商，太陽能板入侵至深山區域，導致每逢雨季颱風季，總是會傳出山崩土石流災情速報。農業也是，即便政府施行各種保護政策，也無法改變農業逐日衰退的殘酷現實。據統計，農業從事者有四成多是七十歲以上的高齡者，以熱量計算的糧食自給率，維持在三十八％，以產量計算的糧食自給率則為六十五％。只是，日本的農業政策深受既得利益者和利益集團的影響，問題極多，在此就略過不提了。

話說回來，年逾七旬，體力、精力、記憶力、智力甚至判斷力均已減退，這時再插隊踏入社會跟人相處，會不會感覺痛苦呢？有關這點，可以從日企瑞可利集團（Recruit Group）旗下的智囊機構瑞可利職業研究所（Recruit Works Institute），於二〇二一年公布的《高年級的就勞實態》報告中獲得答案。

報告內容提及，一般日本勞動者自四十歲起，體力與精力會開始減退；六十歲過後，便會對工作內容及工作所伴隨的責任，感覺難以擔當。但是，與工作有關的專業知識，可以保持至七十四歲，七十五歲過後才會開始減退。專業技術則自六十五歲起開始減退。

工作價值觀在五十歲左右便會有很大轉變。五十歲前，極重視高收入與工作所帶來的榮譽，但五十歲過後，便不再對高收入感到有價值。這可能因為日本上班族在五十歲前後，就會看清自己的前途，知曉五十歲過後，無論再怎麼努力，也無法加薪升職了。

取代而之的，是七十歲過後，會因為通過工作感到對社會或他人做出貢獻，而獲得極大幸福感。

簡而言之，對日本人來說，七十歲過後的餘生價值，在於有沒有為社會或他人做出貢獻。除了有無做出貢獻外，另一項工作價值，是可以有規律地進行身體活動，這點無需說明吧。雖然高齡者的年薪幾乎都在兩百萬日圓以下，但由於可以自己控制工時和工作量，因而有六成以上的人對工作都感到很滿足。

愈活愈年輕，愈忙愈健康

日本政府於一九九五年制定了《高齡社會對策基本法》，以此法為基本架構，再於一九九六年擬定《高齡社會對策大綱》，之後，每隔五年修改一次大綱內容。依據《高齡社會對策大綱》主旨，針對高齡者的「就業、所得」、「健康、福祉」、「學習、社會參與」、「生活環境」、「研究開發與國際社會貢獻」、「推進所有世代的活躍」等六大議題，逐一表列出各項目的調查結果與數據分析，再提出各項目的對策以及指導方針，最後編製成《××年高齡社會白皮書》。

二〇二三年版的《令和五年高齡社會白皮書》中，有一篇文章很有趣，直言不諱表示，「一律將高齡者的年齡設在六十五歲以上，已經不符合現實狀況了。」並提及，日本老年醫學會建議重新定義高齡者年齡，最好將六十五歲的分界線，抬高至七十五歲。只是，此問題並非日本單獨一國可以改變，因此白皮書中仍將高齡者的分界線定在六十五歲。

‧男女都比二十年前年輕五到十歲——

將高齡者的分界線定在六十五歲，確實已經不符合時代了。日本稱為「高齡者」，還算是好聽的名詞，至少沒有「老」這個字。至於真正的「老年人」、「老人」，似乎比較適合七十五歲以上的長者。事實證明，比起二十年前，日本的六十五歲至七十四歲的「前期高齡者」，男性年輕了約五歲，女性則年輕了約十歲。這是日本文部科學省內設機構的體育廳，自一九九九年起，每年實施的調查統計結果。

日本在一九六四年舉行第一屆東京奧運會，那時，引發眾多日本人對競技體育產生了興趣。以東京奧運會為契機，當時的日本文部省打算在國內發展競技體育，於是提出了各種政策。政策中有一項是「增進國民體能」方案，而為了增進國民體能，首先就得收集有關國民體能的資訊。於是，以較易收集數據的小學和中學為主，讓學校引進了「運動能力測試」和「體能診斷測試」，每年實施調查統計。

一九六七年起，又擴大了年齡層，多了一項三十歲至五十九歲的「壯年體力測試」。之後，為因應超高齡社會，又於一九九九年全面修訂了測試內容，名稱也改為「新體力測試」，年齡層擴大為六歲至七十九歲，各個年齡層所實施的測試項目均不一樣。**（日本政府於二〇〇一年進行了中央省廳再編改革，原文部省與原科學技術廳合併為「文部科學省」，內設兩個獨立的行政機關，各為文化廳和體育廳。目前的「新體力測試」是體育廳的政務之一。）**

在「新體力測試」中，高齡者的調查項目有握力、坐位體前屈、仰臥起坐、開眼單足立、十公尺障礙物步行、六分鐘步行等六項測試。將二十多年來的統計數字，按時間序列進行分析處理後，竟然得出男女各自年輕了約五歲及十歲的結果。不僅體力測試，在厚生勞動省發表的《國民生活基礎調查》報告中，也可以發現，自二〇〇七年以後，「視力模糊」、「健忘」等老化項目均年輕了將近十歲。

簡單說來，就是現代日本的七十五歲長者，在體力與智力方面的數據，都相當於二十年前的六十五歲長者標準。據專家（日本統計學者本川裕先生）分析，這可能和二〇〇六年實施的《高齡者僱用安定法修正案》有關。當時的修正案內容之一，是將企業上班族的退休年齡從六十歲提高至六十五歲。

針對六十歲過後也無法賦閒在家這件事，當然有人慶幸，也有人哀嘆，卻沒想到，將近二十年過後，竟會得出「愈活愈年輕，愈忙愈健康」的結果。顯而易見，日本老年醫學會所提出的「將高齡者的年齡分界線抬高十歲」之建議，並非無的放矢。

・「婚活」、「爸爸活」──

既然人們比往昔年輕了十歲，那麼，單身高齡者追求黃昏戀或第二春，甚至第三春的年齡，是不是也可以抬高十歲呢？據報導，隨著婚戀交友App普及，日本高齡者的相親活動也日趨熱絡了起來。婚介市場更是熱鬧，各家婚介所的會員數量一路攀升，高齡者的相親活動隨處可見。

一般說來，高齡者對婚戀App較缺乏信任感，但透過婚介所的話，會員不但需遞交可以證明單身及居所地址的公式文件，也要提供表明經濟條件的收入證明等個資，每位會員身分明確，上當機率極少。雖然最初可能需花一筆不算少的入會費、製作簡歷費和拍照費等，之後每個月還要繳月會費，但至少不會讓人傻頭傻腦地掉入「殺豬盤」愛情陷阱裡。

日本網路電視台ABEMA新聞頻道，曾於二〇二二年十二月十六日，播出一集「高齡者戀愛內情」節目，討論範圍涵蓋了高齡者的金錢欲、食慾、性慾等，非常有趣。節目中有兩位男性來賓，一位七十三歲，原文案撰稿員，二十六歲時曾一度結婚，四十八歲離婚，六十五歲起就在社群媒體平台及婚戀App進行「婚活」，以下簡稱A男；另一位七十一歲，原國鐵員工（國鐵為國有鐵道，一九八七年解散，JR前身），六十九歲起開始進行「婚活」，以下簡稱B男。

所謂「婚活」（Kon-Katsu），是二〇〇七年底出現的名詞，意思是，為了可以順利踏上結婚之途，而盡其所能參與各式各樣的相親或聯誼活動，也就是以結婚為目的之「結婚活動」。與日本大學生為了畢業後的就業問題，在大三時便忙著進行一連串的筆試、面試活動的「就活」（Shu-Katsu，就職活動）一詞，概念相同。

在「高齡者戀愛內情」節目中，七十三歲的A男表示，他在六十五歲那一年，身邊有位朋友遭遇了「孤獨死」，因為沒有家人，喪禮極為寂寥，於是他萌生了「希望死後有人在火化場為他撿骨」的念頭，之後便積極進行各式各樣的「婚活」。另一位七十一歲的原國鐵員工，二十六歲時結婚，四十四歲時與妻子死別，一手拉拔了三個孩子長大，待孩子都成家立業後，六十九歲起跨進了「婚活」世界。

A男和B男的經濟條件似乎都不差，尤其是原國鐵員工B男，雖然身分不是國家公務員，而是公社職員，但待遇和國家公務員相差無幾，相當於準公務員，而且是昭和時代增長型社會的準公務員，退休金和年金應該都是足以羨煞人的數字。然而，即便擁有光靠年金便能活得從容有餘的經濟條件，兩人都仍是在職人員，仍在掙錢繳稅。聽這兩位高齡男士描述自己的「婚活」過程及感想時，在場的幾名三、四十代評論人，有人搖頭爆笑，有人奚落挖苦，也有人大為讚賞。

當評論人問及「婚活」對象年齡鎖在哪一個年齡層時，A男答說「當然只限年輕女性」，在場的某四十代女評論人，當下拉長了臉。A男的回答相當於一種年齡歧視言論，若是一般全國播放的主流電視台，一定會被剪掉那個片段。相較之下，網路電視台比較自由，可以聽到來賓脫口而出的真心話。之後，再經過細問，得出A男的理想對象年齡是四十五歲至五十三歲之間。

A男七十三歲，卻一心想追求女兒輩分的異性，他說，最近一次配對成功的，是一名三十二歲的單親媽媽。B男七十一歲，目前約會對象有兩名，一名是五十代，另一名是六十代。看來，無論幾歲，男人普遍都喜歡追求年輕女性。

當評論人問及需不需要威而剛之類的輔助時，A男和B男均同時搖頭擺手地一口否定。B男堅持，「男人若失去了性慾，等於失去了男人活著的價值」，還說：「若失去了金錢欲、食慾、性慾，人也就完了。」

聽完A男和B男的說詞後，會令人感覺，如果站在願意和這些高齡男性約會的女性立場，那就完全是「爸爸活」（パパ活／papakatsu）了。「爸爸活」，意指年輕女性和爸爸甚或祖父輩分的男性約會，約會時的相關費用，例如交通費、餐點費、禮品費，甚至零用錢等，全由爸爸輩分的男性支付。基本上，只是單純的約會吃飯聊天散步看電影聽音樂會等而已，不涉及性交易，否則便是「援交」了。只是，B男的對象是五十代和六十代，到了這個年齡，應該不再是「爸爸活」，而是純粹好玩或真心想尋求老伴吧。只不過，某些女性，基於種種原因，或許正因為到了五十代和六十代，更別無選擇，只能靠「爸爸活」為生也說不定。

據說，配對成功後，雙方第一次的見面地點，通常選在五星級飯店大廳，一杯咖啡價格一千六百日圓。所有評論人聽後都仰頭大笑，表示，不論是「婚活」或「爸爸活」，還是說穿了其實是追求「一夜情」或「砲友」，更有可能只是男方一廂情願的幻景，但只要能讓這些晚年小有積蓄、身體健康、空閒時間多多的日本高齡男性，心甘情願地大手筆花錢，讓他們的存款在社會循環流動的話，確實可以舉雙手贊成他們的「婚活」。畢竟，對剛出社會的日本年輕人來說，實在喝不起一杯一千六百日圓的咖啡。說不定，連某些中年男性上班族也喝不起。

話說回來，A男和B男各自「婚活」了八年和兩年，約會對象和次數也接連不斷，為何至今仍找不著可以正式登記入籍的老伴呢？有關這點，A男和B男以及節目中的所有評論人，均模糊帶過，沒有明確戳穿。然而，包括所有坐在電視機或電腦螢幕前的觀眾，大家應該都心知肚明。基本上，高齡者擁有自由戀愛的權利，更可以合法再婚，無奈，到了談婚論嫁的階段時，第一個站出來阻婚的人，通常是子女。雖說現代子女已經不會阻止老父老母在外面談戀愛，但他們絕對會阻止「外人」插進來分一杯甚至奪走整鍋家產羹。

即便談的是沒有結果的戀愛，A男和B男都認同，談戀愛可以令人身心都年輕起來。A男在節目中說：「我年輕時，大約三、四十歲那時，一直以為自己六十歲過後，應該和談戀愛或性愛這類事無緣，沒想到七十歲過後，實際上不但有，而且理所當然仍有性慾，這點和年輕時想的不一樣。」

原來，高齡者的情慾需求與年輕時代相差無幾。七十歲時談的戀愛，和十七歲時談的戀愛，情緒的起起伏伏其實是一樣的。A男眼下仍在抖音海外版的 TikTok 扮演短歌歌人身分，時不時上傳自創短歌，代表性的求偶台詞是「讓我們一起化為灰燼吧」。

多死社會的到來

・發達國家中的人口轉型先驅——

日本於二〇〇七年便跨入了超高齡社會。根據日本總務省統計局公布的數據，截至二〇二三年九月，日本六十五歲以上的高齡者人口約達三千六百二十三萬人，占總人口的二九・一％。比起全球人口高齡化平均水平的九・八一％，日本大約是三倍，不但老得最快，也是在人口十萬以上的國家中，高齡者占比最多的國家。次位是義大利，高齡者占比為二十四・五％；第三名是芬蘭，高齡者占比為二十三・六％（聯合國《世界人口展望二〇二二》）。

超高齡社會將引發許多社會問題，其中最嚴重的問題應該是「多死社會」現象。「多死社會」意指高齡者死亡率增加，死亡人數超過出生人數，而且死亡人數將不斷加速成長的社會。從人口學角度來看，低出生率並非造成人口減少的原因，而是當死亡人數超過出生人數時，便會呈現人口自然減少現象。

日本自明治三十二年（一八九九）起，便由中央政府主導施行了第一次人口動態調查。根據日本厚生勞動省的資料，明治時代至第二次世界大戰之前，日本的出生率（每年每一千人當中的新生人口數）一直高居三十％以上，死亡率（每年每一千人當中的死亡總數）也高居十五％以上，就人口學角度來看，是處於人口轉型模式的第一階段「高出生率和高死亡率」。

戰後，最初兩三年迎來了出生率超過三十％的嬰兒潮，但一九五〇年之後，出生率急速下降，卻也維持在二十％上下，死亡率則降至八％以下，進入了人口轉型模式第二階段的「高出生率和低死亡率」。

大約自一九八八年的平成時代起，日本再度轉型為「低出生率和低死亡率」的第三階段，出生率一路下降至六％至七％之間，死亡率維持在八％以下。之後，二〇〇五年起，日本的死亡人數首次超過了出生人數；再之後，二〇一一年起，總人口數開始下滑，進入了「人口自然減少」階段。換句話說，似乎跨入了「低出生率和高死亡率」的階段，按人口學專家說法，也就是進入了第二次人口轉型階段。估計再過數年，便會迎來「多死社會」，亦即高齡者死亡人數加速增加，出生人數持續減少，日本的總人口也會隨之逐年減少。這是人類之前從未經歷過的人口轉型事例，據說都還在研究中。

這種「多產多死→多產少死→少產少死」的人口轉型模式，不僅限於日本，除去少數內亂頻繁的貧窮國家，全世界所有國家都免不了同樣過程。只不過，發達國家和富裕國家會先一步完成人口轉型變化，而在這些發達國家當中，日本可以說是先驅。從宏觀角度來看，日本社會目前的低出生率與人口減少問題，其實都是全球人口轉型大趨勢的一環，無法阻擋也無法抗拒。

二〇二三年的日本年間死亡人數高達一百五十七萬六千人（概數，日本總務省統計局於二〇二四年六月發表），是有紀錄以來最高值，約為出生人數七十二萬七千（概數）的兩倍。人口自然縮減數（死亡數－出生數）為八十四萬九千人左右，同樣創下歷史新高（日本總務省統計局於二〇二四年六月發表）。日本國土交通省估計，照此下去，到了二〇五〇年時，日本人口將減至約九千五百萬人。其中，勞動人口僅剩四千九百萬人，占總人口的五成二，十五歲以下的幼年人口更減低至八百多萬，不及總人口的一成，而高齡者占比則將升至總人口的四成。

研究又指出，日本將於二〇四〇年迎來「多死社會」最高峰，年間死亡人數將高達一百六十七萬人，平均一天約四千五百人。之後，直至二〇七〇年，年間死亡人數會一直維持在一百五十萬人左右，平均一天約四千一百人。

「多死社會」存在著許多問題，除了因人口減少所帶來的經濟及社會保障問題，與死亡相關的問題也會日益增多。例如高齡者生命末期的療養及照護方式，喪禮規模及墳墓問題，遺體處理及埋葬方式，另有因失智症所引發的遺產繼承問題等，都將給逝者家屬和當地社區帶來諸多負擔。

・火葬場不足——

此外，因高齡者人數急速增加，導致護理和醫務人員短缺、火葬場不足、無主遺體增多、單人家庭遞增、高齡者孤獨死案件與日俱增，以及傳統家庭本身功能下降等。最迫切的問題應該是火葬場不足。日本首都圈的一都三縣（東京都、埼玉縣、千葉縣、神奈川縣），火葬場供不應求尤其嚴重，但每逢行政機關提出興建火葬場計畫時，必定會遭到當地居民強烈反對。

其實不用等到二〇四〇年，二〇二四年的眼下，首都圈火葬場短缺問題已經表面化了。逝者遺體不但無法立即火化，甚至需等十天至兩星期，太平間不足問題也隨之表面化。例如東京二十三區，人口有九百七十多萬，年間死亡人數八萬多，卻僅有兩處公營火葬場，總計擁有三十座火化爐。公營火葬場的火化費用都相當便宜，一次約三萬五千至六萬日圓，除了當地居民，鄰近數區的居民或東京都都民都有資格申請。其他另有八處民營火葬場，費用是九萬日圓起跳，最高二十八萬日圓。

據說東京二十三區比較特殊。其他縣市都隨著時代前進而讓公家機關吸收或合併了民間火葬場，但東京二十三區是由一家民間企業逐步統合了七處火葬場（總計擁有七十九座火化爐），另一家民間公司則設有一處火葬場（擁有十五座火化爐）。二十三區以外的東京都另有十六處公營火葬場，只要是當地居民，幾乎全免費，只是火葬爐數量不多。東京都整體人口有一千四百多萬，年間死亡人數將近十四萬，平均一天三百八十多名逝者，死亡率是十．四％，火葬場及火化爐數量明顯不夠。（二〇二四年數據）

其他城市，例如常住人口三百七十七萬人的橫濱市，公營火葬場有四處，總計擁有四十四座火化爐；民間火葬場僅有一處，擁有十座火化爐。常住人口二百七十九萬人的大阪市，公營火葬場有五處，總計擁有七十二座火化爐，民間火葬場僅有一處，也僅有三座火化爐。（二〇二四年數據）

日本的火葬文化是明治時代以後才普及，現在已成為全世界火葬比率最高的國家，逝者將近百分之百都是火葬。東京因人口多，疫情也多，死亡人數也就比其他城市超出許多，卻沒地方可埋葬。不僅如此，外地人通常想把逝者骨灰運回故鄉，因此在明治時代，民間火葬場普及速度便相當快了。之後，隨著時代腳步前進，火葬場無煙化、無臭化的近代化速度也極快。加之，行政機關很難確保建設新火葬場的土地，更難以取得當地居民同意，便演變為民間火葬場多於公營火葬場的現狀。

・「遺體飯店」——

「多死社會」雖會引發諸多社會問題，但也會帶來新的商機。除了殯葬業專用冰櫃需求大增，以及將歇業的便利商店改裝為小型葬儀會館等，近年更出現了「遺體飯店」服務。

顧名思義，「遺體飯店」是專門存放逝者遺體的飯店，類似太平間，但比起一般醫院或禮儀公司的太平間，擱置靈柩的房間設備更自動化，收費也透明合理。既然火葬場需等十天至兩星期，一般人家中又無法存放遺體，太平間更粥少僧多，「遺體飯店」也就應運而生。「遺體飯店」不但可以停放逝者遺體，也可以讓家屬親戚住進入殮房的隔壁房間，一起守喪追悼，直至火化當天。多具靈柩入殮房大多一天一萬日圓，單具靈柩入殮房則加倍為一天兩萬日圓。喪家可以選擇只停放靈柩，也可以選擇祭壇、鮮花、棺木、殮衣白袍、靈車、火化等全套服務。

在日本，除了某些需要長期保存的特殊例子，一般逝者遺體都是不冷凍的，而是在遺體頭部、內臟等較易腐爛的部位下面，擱置乾冰冷藏。遺體冷藏費大致是一天一萬至三萬日圓。即便是在自家辦喪事，遺體存放在自家，也都是用乾冰，禮儀公司職員會定時更換乾冰。由於使用乾冰，有時會發生家屬在告別逝者時，把整張臉探進靈柩內，而造成二氧化碳中毒死亡事故。

二〇二〇年和二〇二一年，日本全國總計發生了三起棺木乾冰中毒死亡事故。日本消費者廳以及國民生活中心，均藉由各種媒體，呼籲民眾於殯葬守夜過程中或告別式時，千萬不要打開棺木蓋上面用於瞻仰遺容的小窗，把頭探入棺木內與逝者告別。根據實驗，棺木內擱置一具人偶和十公斤乾冰，大約二十分鐘過後，棺木內的二氧化碳濃度便會超過三十％，會令人於瞬間失去知覺；四小時後，濃度更會上升至九十％。若打開棺木蓋，棺木內的二氧化碳濃度雖會自九十％降至六十％，但五十分鐘過後，濃度依然會維持在三十%以上。逝者家屬若把頭探進棺木內，確實很有可能會在瞬間昏迷而導致死亡。

此外，日本法律規定遺體不能在二十四小時以內火化，喪事流程通常是第一天過世，第二天夜晚讓家屬在遺體一旁守夜，第三天上午入殮，再讓親朋好友職場同事商務客戶等人進行告別式，當天下午運往火葬場火化。至今為止，無論自家辦或讓禮儀公司辦，通常都於三、四天內便完成了喪事流程。但現在都市區火化爐不夠，需排隊等待，該如何存放遺體的問題便浮出了檯面。

・「家族葬」、「一日葬」、「直葬」——

死亡人數驟增，火葬場短缺，以及三年的新冠肺炎疫情影響，日本葬禮也發生了變化，「家族葬」成為主流，「一日葬」和「直葬」、「火葬式」急起直追。「家族葬」是小型葬禮，只限喪主招待的人出席，通常大約二、三十人，和向來的「一般葬」一樣，有守靈也有告別式。「一日葬」是只辦一天的葬禮，不守靈，在一天內就完成告別式和火化，列席者大約二、三十人。「直葬」和「火葬式」最簡樸，不但不守靈也不辦告別式，納棺後直接送往火葬場火化，列席者不等，很適合無主遺體或孤獨死案件。

雖說新冠肺炎疫情影響極大，但疫情之前，「家族葬」便已經占了喪葬方式整體的四成左右。日本有一家提供與臨終相關各種服務的上市企業，名為「鎌倉新書」（Kamakura Shinsho, Ltd.）公司，每隔兩年，會針對四十歲以上，有過喪主經驗的人進行「全國喪禮調查」。二〇二二年第五次調查結果顯示，向來的「一般葬」占比降至二十五·九%；「家族葬」躍升為主流，占五十五·七%；「直葬」、「火葬式」占十一·四%；「一日葬」占六·九%；其他占〇·二%。

新冠肺炎疫情之前，「一般葬」是主流，占四十八·九%，「家族葬」占四十·九%，數據看似相差不多。「家族葬」成為主流的原因，除了人們的宗教意識、葬禮價值觀改變外，主要是向來的「一般葬」費用太昂貴，加之逝者年齡太高，逝去時早已脫離了社會，更無社交生活，親友也先行離世，或者斷了聯絡。而喪主也大多已經退休，失去了職場交際，也就失去了多數可以寄出喪禮通知的對象。這也是超商葬儀會館興起的主要原因，超商地點以及停車位等條件，都和「家族葬」的需求相符。

在費用方面，基本費用外加賓客飲食、白包回禮贈品、和尚唸經超度等，殯葬平均總額是一百一十萬日圓，比二〇二〇年少了七十四萬日圓，創最低紀錄。根據二〇二〇年的調查數據，「一般葬」平均費用約二百四十萬日圓，「家族葬」約一百三十七萬日圓，「一日葬」是一百三十五萬日圓，「直葬」、「火葬式」則為八十萬日圓，全體平均總額是一百八十四萬日圓。

總之，在嬰兒潮出生的「團塊世代」和「團塊第二代」都去世之前，日本民眾對火葬場以及殯葬會館的需求，將會一直有增無減。然而，在二〇四〇年迎來高峰之後，需求便會一路走下坡了。如此看來，日本東京都和其他數大城市，確實沒有必要大費周章興建新的火葬場。但在面臨「多死社會」的此刻，日本喪主對葬禮的價值觀以及殯葬業自身內部，可能還會出現變化。例如醫院不夠，人們在自家過世的例子會與日俱增，屆時，很可能就會出現新的殯葬方式了。正如在疫情期間，「代理掃墓」、「代理燒香」等工作興起那般。或許，喪主會利用網購或大賣場把喪事一次給辦完；更或許，連葬儀都電子化了。

第二章

超少子化

「團塊第二代」與「後團塊第二代」的悲劇

・「受驗戰爭」、「受驗地獄」時代——

「團塊第二代」（団塊ジュニア），是指生於第二次嬰兒潮的一九七一年至一九七四年的人，也就是第一次嬰兒潮「團塊世代」的子女。其後，生於一九七五年至一九八四年的人，是日本人口金字塔再度往內縮減的世代，被稱為「後團塊第二代」（ポスト団塊ジュニア）。

在二〇二四年當下，「團塊第二代」人口約有七百八十二萬人，正值五十歲至五十三歲的中年期；「後團塊第二代」人口約有一千六百九十萬人，同樣正值四十歲至四十九歲的中年期。這兩大塊群體，在日本的所有勞動人口中約占了三分之一（根據二〇二三年九月日本總務省發表的人口統計數據而獨自算出）。

日本在泡沫經濟破滅後，陷入了漫長的經濟停滯期，起初是「失落的十年」，接著是「失落的二十年」，繼而是「失落的三十年」。尤其是一九九七年秋季，北海道拓殖銀行和山一證券公司倒閉事件，引發了嚴峻的金融危機，導致整個就業市場急速萎縮，幾乎所有日本企業都縮減了應屆高中、大學畢業生的招聘規模，深深影響了「團塊第二代」和「後團塊第二代」的人生計畫。

許多應屆畢業生無法考進一般企業成為終身僱用的正社員，只能將就著成為僱用期間不定的契約社員，或時薪制的派遣員工，甚或是沒有福利待遇的臨時工。這些在經濟停滯、就業市場萎縮的大環境下就業的人，被稱為「就職冰河期世代」，簡稱「冰河期世代」。根據日本內閣府的定義，「冰河期世代」是生於一九七四年至一九八三年的世代，剛好和「團塊第二代」與「後團塊第二代」重疊，因此這個世代的人也被稱為「迷失的世代」、「失落的世代」以及「倒楣的世代」。

第二次嬰兒潮那四年期間，每年的新生兒數量都高達兩百萬以上，「團塊第二代」可以說是一出生後，就要面臨左鄰右舍都是競爭對手的殘酷現實。他們多半在都市區出生長大，小學時看電視播出的機器人動畫《機動戰士鋼彈》，閒暇時玩GUNPLA（鋼彈模型），以及任天堂的遊戲機「紅白機」。當他們升上國、高中時，日本正逢經濟巔峰時期，父母那一代的「團塊世代」也正在昂首謳歌「日本第一」、「日本可以說不」，而身為子女的他們，卻迎來升學競爭激烈無比的「受驗戰爭」（考試戰爭）、「受驗地獄」（考試地獄）時代。

這個世代的人，幾乎從幼稚園階段起，便要接受無休無止的才藝班與補習班的煎熬，為了升學，被逼過著作息不正常的日子。然後，於一九八九年，他們仍在讀高中時，送走了「昭和時代」，迎來了買個東西必須多付三％消費稅的「平成時代」。同樣在這一年年底，日經平均指數飆至最高紀錄的三萬八千九百一十五點。

儘管他們努力苦讀，但根據日本文部科學省的調查數據，一九九〇年的四年制本科大學落榜率依然高達四成五。也就是說，即便他們每天上補習班惡補，每日熬夜埋頭背書，依舊有將近半數都落榜了。與二〇二一年八·七％的大學落榜率相較，明顯可以看出一九九〇年當時的升學競爭有多激烈。不過，也並非二〇二一年的大學報考生比較聰明，而是在九〇年代，日本的大學數量僅有五百多家，現在增至八百多家；一九九〇年的報考生有八十九萬人，二〇二一年的報考生則降至五十三萬人；況且考試方式也有變化，從一九九〇年開始實施的「大學入試中心試驗」，改為二〇二一年開始實施的「大學入學共通考試」。因此，前者和後者，進大學的門檻高度完全不一樣。

・就職冰河期下的「窮忙族」、「貧薪族」——

一九九一年三月起，日本經濟陷入了長期停滯階段，經濟泡沫開始一點一滴破裂。日本的平均薪資也在一九九二年達最高峰之後，便一直持續下降，「失去的三十年」的哨音，在此悄悄響了起來。

「團塊第二代」於大學畢業後，剛好碰上求職超難的「就職冰河期」（一九九三～二〇〇四）。他們算是被迫吞下泡沫經濟破裂苦果的第一屆世代。日本內閣府刊行的《日本經濟二〇一九—二〇二〇》中，記載著，一九九三年至一九九六年期間的大學應屆畢業生，也正是「團塊第二代」，就業率僅有七成；一九九七年至二〇〇五年的高中、大學應屆畢業生，也正是「後團塊第二代」，就業率降至六成。總而言之，在「就職冰河期」就業的世代，大約有三至四成的應屆畢業生，都淪為失業者，其中有不少人成為尼特族或蟄居族，被迫窩在家中啃老，直至今日。

社會上則發生了死亡人數多達六千多人的阪神大地震（一九九五年一月），以及，邪教恐怖主義團體奧姆真理教的「東京地下鐵沙林毒氣事件」（一九九五年三月），舉國震驚，人心惶惶。之後，網際網路與手機開始急速普及。

當「團塊第二代」以為自己通過了競爭激烈的求職戰場，順利踏入職場成為社會新鮮人時，卻不料，一九九七年十一月，先是三洋證券公司宣告破產（十一月三日），接著是北海道拓殖銀行倒閉（十一月十七日），繼而是日本四大證券公司之一的山一證券公司也決定自主廢業（十一月二十四日），最後是第二地方銀行的德陽都市銀行（原本店位於宮城縣仙台市）亦宣告停業（十一月二十六日）。翌年的一九九八年十月和十二月，日本長期信用銀行與日本債券信用銀行相繼倒閉。（第二地方銀行：指一般社團法人第二地方銀行協會的會員銀行，由相互銀行或互助會更名而成，比起一般的地方銀行，不但規模較小，而且進行著高風險貸款。）

如此，日本國內颳起了一陣銀行倒閉與企業破產及併購的狂風，同時，產業結構也開始轉型，ＩＴ產業快速成長，外商公司逐漸增強了其影響力。國際舞台上則熊熊燃起了一場亞洲金融危機大火。「團塊第二代」在這時期的年齡是二十三歲至二十六歲。

一九九七年秋季的金融危機，以及隨之而來的全面通貨緊縮，導致日本整體經濟遭受了嚴重打擊。日本企業為了克服此困境，不得不重新思考日本式的僱傭制度，也就是「年功序列制」與「終身僱用制」，算是迎來了一個重大的轉折點。由於日本企業不能隨意裁員，為了削減經費，只能透過縮減招聘員工人數，以及鼓勵員工提早退休等方式，抑制正社員的數量，同時也積極活用低薪的非正式員工。（年功序列制：按年紀與就職

年資評定薪資、升遷、退休金等。）

經過這場企業破產與企業改革的風暴洗禮後，當時許多上班族被逼淪落街頭，或降格成為非正式員工。根據日本內閣府的數據，「團塊第二代」在一九九九年那時，也就是二十五歲至二十八歲期間，四人中有一人是非正式員工。即便逃過裁員風暴，僥倖留在職場，也成為三十年來薪資始終在原地踏步的「社畜」。**（社畜：不能跳槽更不能主動辭職的公司牲畜。）**

這些受到「就職冰河期」以及企業倒產、企業改革風暴影響的人，基於收入微薄，不少人甚至無法結婚。例如在二〇〇五年，「團塊第二代」正處於三十一歲至三十四歲期間，這個年齡層的男性未婚率是四成七，女性是三成二。到了二〇一〇年，三十五歲至三十九歲的男性未婚率仍有三成四，女性未婚率雖降低至兩成三，卻也創下最高紀錄。最後到了二〇二〇年，四十五歲至四十九歲的男性中，依舊有三成未婚，女性則占一成九。（數據源自每隔五年調查一次的《國勢調查》）

對「團塊第二代」來說，他們出生成長於「男主外，女主內，兩個孩子恰恰好」的標準家庭中，這也是日本當時的理想家庭形象。雖然有個時期，在收入屬於高階層的女性中，出現了一種「男主工作兼做家事，女主家事兼做愛好（伴隨收益的非全職工作）」的男女分工新觀念，被稱為「新專業主婦志向」，風行一時。無奈，這個世代，養得起全職主婦妻子以及兩個孩子的男人，數量實在不多，他們內心希望妻子也出去工作，衷心期盼組成雙薪家庭。可女性這方，多半人依舊想在婚後辭職當全職媽媽。如此，雙方的理想家庭形象不一，造成他們選擇不婚的結果。這也正是第三次嬰兒潮無法出現的主要原因。

如今，他們已經迎來知天命之年，但家中的子女還未到可以自力更生的年齡，父母卻已經年邁到隨時都會臥病在床的程度，自己也在逐漸老去。扳指算算，自大學畢業後踏入社會那一天起，他們已經工作了四分之一個世紀，而今日，竟被列入公司招募提早退休員工的主要對象名單中。

最令他們焦慮不安的問題，應該是他們自己的老後吧。畢竟，子女再過數年便可以自食其力，父母更是年逾七旬的「團塊世代」。在日本，「團塊世代」的上班族，算是大眾公認的人生超級勝利組，他們在上班族時代，薪資及升遷會隨著年齡自動上升，多半工作到七十歲，然後有一大筆退休金，更有一份寬裕的企業厚生年金。但這個世代的人，貧富差距也不小，雖然有兩成七的人擁有三千萬以上的金融資產，但也有一成八的人毫無存款。總的說來，在擁有金融資產的人當中，有六成以上的人保有一千萬以上的金融資產，中位數是一千五百萬（二〇二一年日本銀行金融廣報中央委員會調查數據）。而且，七十歲以上的世代，有九成二的人都擁有房地產，因此，除了一小部分人，「團塊世代」在經濟上應該不會拖累子女。

既然如此，「團塊第二代」到底在焦慮什麼呢？

試想，國家正在以史無前例的速度朝少子化、高齡化邁進，經濟也一直在原地踏步，而他們在人口金字塔中是龐大人口之一員，底下急速往內縮減，形成倒三角形。他們當然會思考：「待我們退休時，我們的退休金到底還會縮減幾成？老年年金領取年齡會不會又被提高到七十歲？然後待我們七十歲過後，下一代人還負擔得起健保等社會保障支出嗎？社會有能力支撐我們的老後嗎？我們會不會壓垮下一代人呢？」這種難以言喻的恐慌與不安，始終沉重地壓在他們肩上。

緊跟在「團塊第二代」身後的「後團塊第二代」，其經濟條件其實更慘。他們在高中、大學畢業當年，尤其在一九九九年至二〇〇三年期間，就業率僅有六成，四成的畢業生找不到工作。二〇〇三年最慘，應屆大學畢業生的就業率僅有五成五，創下有紀錄以來最低數字。文科碩士、博士學位的人，不但很難找到職場，就連牙醫和獸醫也因供過於求，出現了一大群明明有工作，收入卻低於特定貧窮線的高學歷「窮忙族」、「薪貧族」（Working poor）。

・收入縮減淪為貧困老人——

或許正因為經濟條件差，終生不婚、恐婚、厭婚的觀念，在這個世代中逐漸躍上主流舞台。事實證明，三十五歲至三十九歲的日本男性中，有三成八的人未婚，女性則占了兩成六；四十歲至四十九歲的未婚男性有三成一，女性則有兩成（日本二〇二〇年國勢調查）。換句話說，「團塊第二代」與「後團塊第二代」的男性，三人中有一人是單身，女性則為五人中有一人是單身。

再來看看他們的年薪。根據日本總務省二〇二二年的《就業構造基本調查》，三十五歲至三十九歲的男性，年薪中位數為四百七十萬日圓，女性則為二百三十四萬日圓；四十歲至四十四歲的男性，年薪中位數為四百九十八萬日圓，女性為二百二十二萬日圓；四十五歲至四十九歲的男性，年薪中位數為五百二十九萬日圓，女性為二百一十七萬日圓。年齡層剛好和「團塊第二代」、「後團塊第二代」重疊，也可以說是「就職冰河期世代」全體的年薪中位數。

倘若和三十年前的一九九二年相較，更可以看出女性的年薪雖然有增，但男性的年薪反倒減少了。而比「團塊第二代」、「後團塊第二代」年輕十歲的世代，也就是在二〇一六年之後出社會的人，拜「安倍經濟學」所賜，無論男女，年薪都比三十年前同一世代的人增加了許多。這正是「失落的三十年」的實據，也是「倒楣的世代」的佐證。

「團塊第二代」和「後團塊第二代」這兩大塊群體，不僅收入縮減，就連金融資產保有額也明顯少了許多。據二〇二二年日本銀行金融廣報中央委員會調查，戶主是四十代，構成是兩人以上的家庭，約有兩成六的家庭毫無任何資產。而保有資產的家庭，其存款額也在逐年減少，例如二〇二〇年的金融資產保有額中位數是六百八十六萬日圓，翌年的二〇二一年，降為五百三十一萬日圓，到了二〇二二年，又降至五百萬日圓。

單人戶的經濟狀況更慘，約有三成五的人毫無存款，即便有存款，中位數也僅有三百七十四萬日圓。雖然很可能基於新冠肺炎疫情的影響，導致他們收入大幅減低，卻也看得出他們確實比較難以累積資產。

此外，對「團塊第二代」來說，最重要，而且很可能是令政府最頭痛的問題，是「二〇四〇年問題」。「團塊第二代」將於二〇四〇年陸續年滿六十五歲，日本的高齡者人口也將達到頂峰。屆時，因勞動人口驟減，缺工問題將變得更嚴重。而政府面臨的問題是，年金與醫療費用等社會保障成本將會驟增。

日本政府於二〇〇〇年時已經修訂過一次法律，將年金領取年齡從六十歲提高至六十五歲。或許，再過數年，日本政府又會將年金領取年齡提高至七十歲，並削減年金金額。

其實不需等到二〇四〇年，棘手問題便已經降臨了。據估計，「團塊第二代」的父母，目前處於七十歲出頭至中期。換句話說，他們的母親即將達到能夠自主生活的女性健康預期壽命的七十五歲，而父親已經超越了男性健康預期壽命的七十二歲。再根據厚生勞動省的《生命表》，計算他們父母的平均餘命，可以得出在二〇二七年時，有半數的「團塊第二代」將失去至少一位父母。綜上所述，自二〇二〇年代中期起，「團塊第二代」的父母照護問題便會逐步浮出檯面。與老一輩相比，「團塊第二代」的家庭成員比較少，不但兄弟姊妹數量減少了，而且未婚人數也增多了，預計將會有一大批人得面臨父母的照護問題。

再說，「團塊第二代」與父母那一代不同，他們的境遇相對不利。據日本綜合研究所調查部估算，很可能在二〇三〇年代後半，便會出現約四十一萬人的高齡貧困族。到了二〇四〇年，年滿六十五歲時，許多人可能沒有企業厚生年金可領，只能仰賴一個月

五、六萬日圓的國民年金過日子。即便可以領企業厚生年金，也因為工作期間的平均薪資不高，厚生年金也就不多，最後淪為貧困老人的可能性相當高。

日本政府自二〇二〇年起，即實施了為期三年的「就職冰河期世代支援計畫」（二〇一九年六月二十一日內閣議決定），計畫旨在三年內增加三十萬「就職冰河期世代」的正社員。根據內閣官房於二〇二三年發表的報告，支援活動規模已達約四千億日圓，並決定將延長兩年，增加孤獨、孤立對策支援內容，活動資金將持續擴充至一兆日圓。至於成果如何，目前仍不得而知。

當出生率遇見死亡率

・倒三角形的人口金字塔——

近年來，日本的人口少子化和高齡化問題，正在以前所未有的速度逐年惡化。根據日本總務省統計局於二〇二四年九月發表的數據，二〇二三年的新生兒人數為七十二萬七千（概數），是一八九九年首次統計以來最低紀錄。此外，截至二〇二三年四月一日，未滿十五歲的幼年人口為一千四百三十五萬人，是自一九八二年以來連續四十二年減少，創歷史新低。幼年人口占總人口比率為十一．五％，居全球第一低。僅次於日本的是韓國（十一．六％）、義大利（十二．四％）、西班牙（十三．八％）、德國（十四％）等（二〇二二年聯合國統計）。台灣則為十二．四％（二〇二三年九月，台灣內政部戶政司統計），緊跟在韓國之後。

若按年齡層來看，日本的十二歲至十四歲的中學生有三千二百一十萬人，〇歲至兩歲的幼兒有二百四十三萬人。也就是說，年齡愈小，人數愈少，完全是倒三角形的人口金字塔。

另一方面，日本二〇二二年的死亡人數為一百五十六萬九千人（確數），比前一年增加了十二萬九千人（受新冠疫情影響），死亡率為每千人十二．九；二〇二三年的死亡人數更增至一百五十七萬六千人，死亡率為每千人十三，幾乎每年都在創歷史新高。日本的六十五歲以上人口，預計將在二〇四二年達到頂峰，而二〇二三年的出生率為每千人六．三，二〇二三年的出生率為每千人六．〇。亦即，生六個，死十三個，死亡人數是新生兒人數的兩倍多。因此，伊隆．馬斯克之前在社群媒體平台X（推特／Twitter）說過的，「讓出生率超過死亡率」的這一天，應該永遠不會來臨。不僅如此，日本很可能會如他所說，在「This would be a great loss for the world」的惋惜聲中，落下帷幕，不復存在了。

．日本與其他國家的少子化現象與對策——

日本的少子化現象始於一九七〇年代後期，當時，歐美各國的少子化問題已經相當嚴重，而且直至一九七五年左右，歐美各國的生育率甚至比日本還低。換句話說，早在五十年前，少子化問題便一直是已開發國家的共通隱憂。造成少子化現象的成因相當複雜，例如養育子女的成本遞增、男女婚育價值觀的變化，以及避孕措施的普及等，皆是造成生育率不斷下降的成因，進一步導致國家人口組成年齡不斷替換。

一九七五年的日本，正是第二次嬰兒潮結束當年，生育率雖然降低了，卻仍有一．九一%，維持在「兩個孩子恰恰好」的水準，出生率也維持在每千人十七．一，死亡率則為六．三。新生兒人數是死亡人數的三倍左右。而當時的歐美各國，除了丹麥（一．九三%）、法國（一．九六%）和挪威（一．九九%）略高於日本，其他如加拿大、美國、德國、英國、奧地利、比利時、瑞典、瑞士等諸國，生育率都低於日本。

之後，這些少子化問題嚴重的歐美國家，透過各種挽救對策，如營造更好的育兒環境等，成功遏制了生育率繼續負成長。特別是法國和瑞典，生育率一度下降至一．五%至一．六%之間，之後逐漸回升，終於在二〇〇〇年代後期上升至二%左右。生育率二%正是世代更替水平，不過，考慮到新生女嬰和男嬰數量不等，以及女性在生育年齡結束前死亡的可能性，一般說來，已開發國家的世代更替水平是二．一%，開發中國家則要維持在二．五%至三．三%之間，才能讓人口結構長期穩定。

法國的挽救對策，起初以增加家庭津貼等經濟支援為主，一九九〇年代以後，轉變政策方向，改為加強兒童保育環境，接著又進一步整頓生育、養育、就業等大環境，讓女性有更多選擇，以便於工作和家庭兩立。瑞典相對較早便施行了經濟上的支援政策，同時推動育兒和育嬰假制度，同樣是工作和家庭兩立支援措施。德國最初也是以經濟支援為主，後來又轉向兩立支援政策，相繼推出育兒休假制度及加強育兒服務等措施。

然而，自二〇一〇年前後起，法國和瑞典的生育率再次呈下降趨勢，到了二〇二〇年，生育率分別為一．八二％和一．六六％。美國也降至一．六四％，英國和德國則分別為一．五八％及一．五三％。儘管如此，比起日本的一．三三％，這些國家的少子化問題也就沒有日本這般嚴重。

接下來，和保有時間序列數據紀錄的新加坡、台灣、香港、韓國做一下比較。一九七〇年至一九八〇年，這些國家及地區的生育率均比日本高，日本處於最低位。之後，這些國家的生育率一直呈下降趨勢，二〇二〇年的數據是新加坡一．一％、台灣〇．九九％、香港〇．八八％、韓國〇．八四％。日本的一．三三％變成最高位。

再根據美國中央情報局的《世界概況》（*The World Factbook*，二〇二三年預測），日本的生育率是一．三九％，與前述四個國家及地區相較，依舊居最高位。末尾五名則依次為義大利、澳門與香港、新加坡、韓國、台灣。也就是說，在二百二十七個國家及地區中，台灣一·〇九%居倒數第一位，全世界最低，韓國一·一一%排在倒數第二位，新加坡一·一七%，澳門與香港一·二三%，義大利一·二四%。中國比日本稍微好一些，為一·四五%。

日本內閣府發行的《令和四年版少子化對策白書》中，指稱，亞洲地區的低生育率，主要原因是未婚化和晚婚化，但部分原因是極低的非婚生育率所造成。此外，東亞地區國家，傳統上對教育非常熱心，大學升學率也很高，但國家對教育方面所撥出的預算經費較少，導致個人家庭的教育費負擔過重，這也是低生育率的原因之一。尤其是儒教圈的韓國與台灣，生育率特別低，原因除了年輕人失業率上升和收入下降外，其他因素是，比起急速發展且變遷迅速的社會經濟制度（包括教育、職業、政治參與等），傳統的家庭制度文化（孝道思想、夫妻分工等）變化相對緩慢，兩者之間的差距較大。簡而言之，傳統家庭角色文化及婚育觀念，遠遠跟不上社會變遷步伐。

綜觀來看，造成東亞各國低生育率的主因，應該是結婚率逐年下滑，不婚人口逐年遞增，繼而影響了整體的生育率。畢竟東亞各國的婚育思想，仍牢牢停滯在「沒有正式結婚，就不能生孩子」的觀念上。此外，東亞文化中，以孝敬父母為核心的孝道觀念根深柢固，尤其亞洲家庭常以「孝順」這個詞，進行各種親情勒索，也常以子女有沒有固定支付孝親費而判定子女孝或不孝。

・日本不存在「孝親費」的觀念——

許多亞洲家庭的父母，養兒防老的觀念不可動搖，在子女出社會開始領工資後，會強迫子女每月給父母一筆孝親費。有些貧窮地區的父母，甚至會讓未成年的長子或長女扛起全家人的生計。說實在，子女羽毛未豐，父母便想吸吮子女的血液，難怪子女會放棄結婚成家的念頭，認為不生不養才是王道。

相對而言，日本的父母雖然也會對子女進行親情勒索，例如要求子女考上一間頂尖大學，畢業後當個大企業上班族，結婚後生兩個孩子等，但可能因為有充足的社會保障，比較少見會對子女要求孝親費的父母。在日本，只要父母於年輕時認真工作，按時繳稅，退休後通常有年金可領，沒有必要當吸血父母。

子女若是大齡單身，而且一直與父母同居，便有可能支付一些錢當做房租或飯費。萬一，父母因故而失去了謀生能力，而且沒有退休金及年金，子女亦沒有足夠的經濟能力扶養時，可以申請「生活保護」制度，就是最低生活保障制度。以東京都區部為例，高齡夫婦家庭每個月可領大約十二萬日圓的生活扶助費，以及大約五萬日圓的住宅扶助費。其他如醫療費、各種稅金（包括健保費）、NHK收視費，甚至連安養院、長照機構等費用，全免。

也因此，日本不存在「孝親費」或類似的用詞及觀念。日本的父母通常不願成為子女的負擔，甚至認為讓子女扶養是一種恥辱。這點可以從統計數字看出。根據日本厚生勞動省於二〇一九年統計的「國民生活基礎調查」，可知，每個月固定給父母（原生家庭）匯寄生活補貼費的家庭，僅占家庭總數的二・四％。其中，五十至五十九歲的戶主居多，占了將近三成，其次是四十至四十九歲的戶主，占了兩成二，再來是六十至六十九歲的戶主，占了兩成一。換句話說，在四十歲以下，且已經成家的人當中，需要給父母匯寄生活補貼費的人，少之又少。

補貼費的金額主要集中在二至四萬日圓，占了三成二，其次是四至六萬日圓，占了兩成一。十萬日圓以上的占了一成七，未滿兩萬日圓的占了一成一。從金額看來，十萬日圓以上的除外，其他確實都是僅止於補貼費而已，而非父母的全部生活費都要靠子女負擔。此外，除了匯寄生活費支撐父母的經濟，也可以申報父母成為子女的扶養親屬，讓子女省下一筆稅金。

至於結婚率下滑，以及不婚族之所以選擇不婚、不生、不養的主要關鍵，應該在於「想結婚沒對象」或「想結婚卻結不了」。此外，在東亞社會中，非婚者沒有生育權的觀念太深，導致不具有合法婚姻關係的男女，一旦懷了孕，多數人只能選擇墮胎。

日本的墮胎件數雖然明顯逐年遞減，但二〇二一年度的申報件數，仍多達十二萬六千件以上（日本厚生勞動省二〇二三年一月公布），與該年八十一萬多的新生兒數相較，占比為一成三。其中，二十五歲至三十九歲的女子，占了半數以上；四十歲至四十四歲的女子，也占了一成多。

一般認為，會選擇墮胎的人，應該是缺乏避孕知識或忽視了避孕措施，導致意外懷孕的青少年占多數。其實不然，在日本，決定墮胎的當事人，竟然是二十五歲以上的成人女子占大多數。而讓她們選擇墮胎最常見的理由，是「缺乏經濟能力」，以及「與伴侶沒有合法婚姻關係」，各占兩成五。但若單看第一次懷孕並選擇了墮胎的數據，則以「未婚」居首位，占了五成，其次是「意外懷孕」、「缺乏經濟能力」。也就是說，她們並非不想要孩子才選擇了墮胎。

再來看看各國的非婚生子女比率。日本二〇二〇年的非婚生子女比率是二·四%，韓國是二·五%，台灣也僅有三·九%，這正是東亞社會的「非婚者沒有生育權」思想之應證。相較之下，法國高達六十二·二%，瑞典五十五·二%，英國四十四%，美國四十·五%，澳洲三十六·五%，德國三十三·一%，就連在G7中生育率最低的義大利，也有三十三·八%。（OECD Family Databases 2020）

雖然非婚生子女比率與生育率無關，但假若讓非婚生子女也擁有等同於婚生子女的社會地位及法律權利，墮胎件數是不是會減低一些？未婚族是不是也較能安心去生育孩子呢？

結婚生子是高收入階層的特權

日本內閣府公布的二〇二三年度《經濟財政白皮書》，內容主要分析日本經濟現狀，並歸納整理出日後有待解決的諸多課題。在白皮書第二章第二節〈少子化與家計經濟〉中，提及了少子化問題對日本總體經濟所帶來的影響，文中並分析稱，日本少子化問題的主要因素有三：「女性人口減少」、「不婚族群增加」、「已婚夫妻不生」。

白皮書報告指稱，自第二次嬰兒潮結束的一九七四年之後，新生兒數即逐年減少，女性人口也就隨之減少。尤其在二〇一五年之後，新生兒數更是加速減少，但是生育率反而增高了，這是受到女性晚婚晚產化的影響。意思是，女性的晚婚晚產化現象，並非造成少子化的因素之一，反倒是讓生育率提高的最大因素。

・晚婚、晚產、不孕治療——

日本女性的初婚平均年齡，在一九七五年時是二十四・七歲，到了泡沫經濟巔峰的一九八六年時，是二十五・六歲。當時過了二十五歲仍未婚的女子，被譏笑為「聖誕夜過後的聖誕蛋糕」，意味二十五日的「賣不出去的剩貨」（剩女），二十六日更慘，半價賤賣。之後，初婚平均年齡逐年提高，到了二〇二〇年，日本女性的初婚平均年齡已提高至二十九・四歲，「聖誕蛋糕理論」早已跟不上時代，於是進化為「除夕夜的蕎麥麵」。

「蕎麥麵理論」是基於日本人在除夕夜慣常吃過年蕎麥麵的文化。十二月三十一日除夕當天，超市和便利商店裡的蕎麥麵會大賣特賣，著名高級蕎麥麵店的預約更是排滿滿。「蕎麥麵理論」意味女性的真正價值在三十一歲。可是，待女性真正面臨三十一歲時，人家卻又認為三十一歲仍年輕，仍不想結婚，仍希望被視為「小姊姊」，而非「歐巴桑」（大媽），那該怎麼辦呢？於是又出現了「御節理論」。「御節」（おせち）是元旦當天吃的年菜，「御節理論」意思是「年菜理論」。豐富多種的日本年菜，基本上可以吃三天，套用在年齡，就是三十二歲至三十四歲。

晚婚化的結果，正是晚產化。日本女性生育第一胎的平均年齡，在一九七五年是二十五．七歲，到了一九八六年，是二十六．八歲，之後更是逐年後延，二〇二〇年是三十．七歲。因此，若按年齡層來看生育率，可以發現，四十歲前後的女性，其生育率比三十、三十五歲的女性要來得高一些，雖然對她們來說，很可能已經是第二胎或第三胎了。

此外，晚婚化所造成的另一項影響，是不孕治療的增加。根據日本產科婦人科學會的調查數據，女性在三十二歲之後會減低受孕能力，過了三十七歲，卵子數更會急劇減少，五十歲前後便會跨入更年期，閉經後永久失去生育能力。男性雖然沒有閉經概念，但也會隨著年齡增長而減低生育能力，精子質量也會隨之劣化，出現染色體畸變症狀，導致胎兒罹患自閉症或侏儒症等結果。而且，若以未滿二十五歲的男性為基準，三十五歲以上的男性，生育能力會減半。

日本的不孕治療，有六成以上是第二胎。也就是說，第一胎沒問題，平安生下來了，但受到年齡影響，第二胎遲遲無法受孕，夫妻卻又很想要第二胎，於是決定接受不孕治療。年齡集中在四十歲，但四十歲的流產率也高居首位。不孕治療的成功率集中在三十三歲之前，大約有四成左右成功受孕，三成左右成功生產，過了三十六歲，流產率會增加至兩成以上。再根據日本產科婦人科學會二〇二〇年的統計報告，據說，臨界點是四十三歲。四十三歲的女性，成功受孕並成功生產的比率是五％，超過了四十三歲，再如何努力接受不孕治療，受孕的可能性可以說近乎為零。

日本政府於二〇二一年決定，自二〇二二年四月起，將體外受精（IVF）或顯微授精（ICSI）等不孕治療，納入公共醫療保險（健保）制度。未辦理結婚登記但與伴侶同居的「事實婚」夫妻，也屬於適用對象。不過，女性年齡限制在臨界點的四十三歲之前，男性則沒有年齡限制，使用次數為六次。之前都將「不孕」視為「非疾病」，致使不孕治療費用相當昂貴，例如「體外受精」（試管嬰兒）平均費用是一次五十萬日圓，將精子注入子宮的「人工授精」則為一次三萬日圓，即便有補助，一般收入及低收入家庭也只能望而卻步。現在可以用健保接受不孕治療，這應該是僅執政一年的菅義偉內閣的行政改革最大功績。

畢竟，在日本接受不孕治療的全年實際成果病例數，一直維持在四十五萬例左右，其中，非健保適用對象的四十三歲以上女性，占了將近一成七（二〇二〇年統計）。二〇二一年，接受不孕治療的病例數提高至四十九萬八千餘例，年齡集中在三十九歲、四十歲、四十一歲。這一年的日本新生兒數為八十一萬多，而通過體外受精出生的新生兒數，高達將近七萬名，創歷史新高。這表示，每十一・六名新生兒中，就有一名是試管嬰兒（八・六％）。二〇二〇年則是每十三・九名新生兒中，有一名是試管嬰兒。

如此看來，日本前總理菅義偉的決策極為英明。因女性晚婚化、晚產化的影響，導致不孕病例遞增，也就是「已婚夫妻不生」問題，可以用改革健保政策來遏阻問題持續惡化。

「女性人口減少」這項問題，不可能在短期內扭轉局面，但「不婚族群增加」與「已婚夫妻不生」這兩項問題，在當前的社會經濟環境之下，仍有可能扭轉乾坤。《經濟財政白皮書》指稱，「已婚夫妻不生」現象是二〇一五年之後才浮出檯面，成為少子化的因素之一。如前所述，「已婚夫妻不生」現象的首要原因，其實正是晚婚晚產所造成的不孕現象，只要擴大不孕治療的健保適用對象範圍，應該可以解決。

・男女薪資差距大，薪資多寡與結婚率有關——

至於「不婚族群增加」問題，目前可以實施的政策，是盡可能提高結婚率外，別無他法。白皮書文中指稱，不婚現象增加的背景在於「薪資水準太低」、「男女薪資差距太大」。簡單說來，年薪多寡是已婚與未婚的分界線，差距達四倍之多。

研究報告又根據日本總務省發表的《就業構造基本調查（二〇二二年）》，針對有工作的三十代男性，分析了其收入與未婚率的關係，結果顯示，收入愈低，未婚率愈高。年收入未滿三百萬日圓的男性，未婚率達六十四・七％；年收入未滿兩百萬日圓的男性，未婚率高達七十六・三％。反之，八百萬日圓以上的高收入男性層，未婚率僅有十七・三％，六百萬至七百萬日圓之間的高收入男性層，未婚率也僅有二十一・四％。

早在十多年前，「低收入是未婚率增加的最大因素」便已經是日本社會的共識了，這回官方研究又得出收入與未婚率有緊密關係，且差距高達四倍的結果。因此，白皮書總結出的結論是：只有通過實現結構性調薪，提高年輕人的收入，才有可能遏制結婚率繼續下滑。

倘若在現實社會真能夠實現結構性調薪的話，不婚族群也不會增加得如此快速。在日本，非正式員工與正式員工的薪資差距問題，早已多次被指出，而且正因為男女薪資差距過大，更助長了「女性偏愛高收入男性」的傾向。這些問題，其實政府相關人員都很清楚，卻束手無策。因為若加強監管，一定會遭到商界的反彈。

另有一項數據相當有趣，那就是，高收入的女性，通常會選擇收入比自己更高的男性為結婚對象。例如，膝下仍無子女，年薪在一千萬至一千四百九十九萬日圓之間的女性，有六成七的人選擇了收入比自己高的對象。換句話說，僅有三成三的女性選擇了收入比自己低的丈夫。但是，這三成三的丈夫，其收入應該也比一般上班族男性高出至少兩三倍。此外，在男女雙方收入水平相同的族群中，有九成六的丈夫，收入比妻子高。因此，白皮書指出，不讓女性在生產後降低收入，可以改變女性一味追求高收入男性的風潮，從而降低結婚門檻。

坦白講，正因為日本社會要求女性在生產後最好能當全職媽媽，才令已婚婦女於育兒期間告一段落後，打算重返社會繼續工作時，即便擁有高學歷，大多數也只能選擇大賣場之類的時薪制兼職員工，薪資非常低，正是所謂的「母職懲罰」（motherhood penalty）。這也是日本男女薪資差距過大的主要因素。難怪日本女性在結婚時，傾向於挑選高收入的男性，因為懷孕後很可能不得不選擇辭職，若不願意放棄職涯發展，說不定便得犧牲生育權。

白皮書更明確指出，儘管雙薪家庭正在不斷增加，但實際上，育兒和家務的重擔仍往往落在女性身上。這也證明了，日本和其他東亞國家一樣，仍未跳脫「男主外、女主內」的傳統性別角色分工文化框架。女性於結婚後，不但家務、育兒等一肩扛，好不容易把孩子帶大了，緊接而來的是照顧失能老人的負擔，不論被照顧者是娘家或夫家的人，女性總是被視為無酬的第一候補照顧者。

話說回來，薪資多寡不僅與結婚率有關，就連膝下有無子女也跟家庭總收入有關。日本厚生勞動省發布的二〇二二年《國民生活基礎調查》中，統計出，家中有未滿十八歲未婚兒童的家庭數，僅占總家庭數的十八·三%，而這些家庭也是所有家庭中收入最高的一群，平均年收入是七百八十五萬日圓，中位數是七百一十萬日圓。只是，比起二〇二一年的八百一十三萬日圓（中位數七百一十八萬日圓），明顯降低了一些。

若再按家庭總收入去分析，結論是，膝下有子女的家庭，六成以上集中在總收入達六百萬日圓以上的家庭。年收入未滿兩百萬的家庭，僅占了四·六%；未滿四百萬日圓的家庭，也僅有十一·三%；未滿六百萬日圓的家庭，占了兩成一；未滿八百萬日圓的家庭，占了兩成三；未滿一千萬日圓的家庭，占了一成六；一千萬日圓以上的家庭，占了兩成四，居最高位。簡而言之，收入愈低的家庭，愈不敢生孩子，唯有高收入階層的家庭，才敢討論生不生孩子的問題。而在有兒童家庭總數中，將近半數是獨生子、獨生女，「兩個孩子恰恰好」的家庭占了三成八，僅有一成二的家庭，有三個以上的孩子。

（根據二〇二二年《國民生活基礎調查》，採四捨五入法獨自算出）

再回頭看前述的結婚率統計，日本男性的年收入須在三百萬日圓以上才有可能考慮結婚；婚後，加上妻子的年收入，家庭總收入須在六百萬日圓以上，才有可能討論生育問題。也因此，日本內閣府官僚所提議的「盡可能提高結婚率」、「盡可能消除男女薪資差距」、「盡可能實現結構性調薪」、「盡可能提高年輕人的收入」等少子化解決方案，其實都很正確，證明了日本官僚確實很優秀，菁英中之菁英。可是，為什麼政治家們在現實生活中卻辦不到呢？

目前，日本政府（岸田文雄內閣）所實施的「異次元少子化對策」，幾乎都是針對已婚夫妻的分娩育兒，以及有孩子的家庭的兒童給予補貼，有點類似二次大戰戰前的「多生多養」育兒政策，而非少子化對策。少子老齡化對策令政府不斷增稅，導致納稅者的直接稅和社會保障費負擔很重，其可處分所得也就隨之降低，結果就是，想結婚卻結不成，即便有幸結得了婚，也要視經濟能力而決定要不要生孩子。既然如此，乾脆不結婚，反正在現代發達國家中，一個人也可以活得很精彩，而在國民愈來愈貧窮的日本，結婚已成嗜好品，孩子更是奢侈品了。

美其名曰「技能實習制度」，實為「變相奴隸制度」

・外籍實習生的人權問題——

二〇二三年四月中旬，日本媒體大肆報導了「外國人技能實習制度將被廢除」的消息，在日本網路各種論壇引起了一陣騷動。當時，由政府召集的專家小組，開會討論該制度的是與非，提出了一份呼籲廢除「技能實習制度」，同時建立新制度的中間報告。之後，於十一月公布最終報告，結論為廢除現行制度，日後的新制度將改名為「育成就勞制度」（培訓就業制度），大致以三年為目標，力求將外籍實習生培訓成具有特定技能的人才，讓他們可以立即投入工作。而且將允許外籍實習生在工作兩年以上即可轉職，並將嚴格監督企業拖欠工資、不准實習生換工作等侵犯人權等問題。日本政府根據專家會議的報告，已於二〇二四年三月批准了相關法案。預計於二〇二七年啟動，過渡期約三年，二〇三〇年完全過渡為新制度。

日本的「技能實習制度」政策始於一九九三年，最初目的旨在國際貢獻，讓發展中國家的人才，到日本學習先進技術，日後再回國活用習得的技術，為祖國發展盡一份心力，順便解決日本的勞工短缺問題。技術實習的最終目的是回祖國傳授技能，因此實習生僅能在日本滯留三年或五年，實習結束後，可選擇回國或留在日本工作。工種包括耕種、農業和機械、加工等八十七種。

該制度建立至今已逾三十載，截至二〇二二年底，通過此制度在日本工作的外籍實習生人數，多達三十二萬五千名。制度最初的目的是通過「傳授技能」、「培訓人才」，為發展中國家做出國際貢獻，但這些宗旨早已淪為表面文章，實際上變成了提供廉價外籍體力勞工的管道。尤其在日本人不願意做的體力勞動行業圈子中，勞工短缺問題特別嚴重，這些外籍實習生已成為不可或缺的勞動力，但弊端叢生，各種問題也隨之而來。

首先，實習生以「研修生」身分來日本就業，他們和一般外勞不同，是先簽訂合約才能取得簽證，因而沒有更換職場的自由，也就得不到適當的工作條件或薪資保障，有時還會面臨惡劣的勞動環境，或人權受侵的事件，例如暴力、權力騷擾等。在這種情況下，實習生唯一的選擇，就是在同一工作地點堅持到合約期間結束，或者，乾脆逃離職場。

事實上，二〇二二年的外籍實習生總數為三十二萬五千人，其中比率最高的為越南人，約有五成六，計十八萬兩千人，接著是印尼人，占比一成二，再次為中國人，占比一成一。而逃離職場的外籍實習生多達九千多人，大部分是越南人，有六千零一十六名，接著是中國人九百二十二名，然後依次為柬埔寨人八百二十九名，緬甸人六百零七名，印尼人三百六十七名，泰國與菲律賓人各為七十名，蒙古人五十五名，寮國人十一名，孟加拉國人五名，其他五十四名。（數據來源：日本法務省出入國在留管理廳）

其次，有半數以上的實習生，因必須付費給本國的外派機構與仲介機構，在赴日工作之前便已經負債累累。根據日本法務省出入國在留管理廳的調查（二〇二一年十二月至二〇二二年四月），實習生在本國的平均負債總額為五十五萬日圓，以柬埔寨和越南等國家占比最高，幾乎有八成以上的人都背負了巨債，緬甸和印尼也有將近五成，中國最少，只有一成多的人有負債。負債最高的是越南，約有六十七萬四千日圓，其中，支付給本國的外派與仲介機構的費用，是六十五萬六千日圓，費用名目包括派遣手續費、事前培訓費、保證金或違約金等，林林總總。最低的則為菲律賓十五萬三千日圓，其中，支付了九萬四千日圓給本國的外派與仲介機構。他們為何願意背負巨債赴日工作呢？理由很簡單，因為本國薪資與日本薪資差距非常大。

例如，二〇二一年越南勞工（河內、胡志明市）在本國的月薪約合三萬日圓，若以技能實習生身分赴日工作，月薪大約有十六萬五千日圓。也就是說，越南勞工在本國的月薪不及赴日工作所得工資的兩成，因而近十年來，來自越南的技能實習生有增無減，大約增至十二倍。其他國家的勞工月薪也大同小異，印尼（雅加達）是日本的兩成六，泰國（曼谷）是日本的兩成九，差距相當大。只有中國是例外，來自中國的實習生在二〇一二年達頂峰後，便出現下降趨勢，二〇二一年的中國勞工（北京、上海）月薪大約是日本的六成。（數據來源：日本厚生勞動省、日本貿易振興機構JETRO《亞洲主要城市投資成本對比》報告）

再次，多年來，「技能實習制度」一直飽受國內外詬病。美國國務院二〇二三年度《人口販運報告》（*Trafficking in Persons Report, TIP report*）也指稱，日本的技能實習生培訓制度包括了強迫勞動，並將其評定為「未完全符合消除人口販運的最低標準」，因「對策不充分」而在四級評價中被定位為第二級。美國國務院在過去的報告中，也認為「技能實習制度」存在著問題。此次的報告書則指出，來自孟加拉、不丹、緬甸和菲律賓等國的實習生，都被迫支付了過高且含糊不清的「手續費」。

儘管如此，好歹也是延續了三十載的制度，事到如今，為何要廢除此制度呢？導火線是岡山縣岡山市有一家建築公司的日本員工，頻頻對某名越南實習生施暴，施暴現場被偷拍成一段影片，於二〇二二年一月公開在網路，之後各大媒體紛紛轉載，成為全國性新聞。此新聞引起當時負責「技能實習制度」的法務省大臣（古川義久）注目，立即採取了行動，於二月召集了有識之士，討論該制度的去向。同年七月，宣布成立專家小組，隨後提出廢除該制度的建議。

如此，「技能實習制度」將被廢除的消息一傳開後，各大媒體的論調普遍傾向贊成。然而，實際上接納外籍實習生的日方企業，多數都不以為然。因為新制度基本上沒什麼變化。雖然新制度放寬了實習生的跳槽條件，而且也聲明，將比過去更嚴厲懲罰沒有積極防止或糾正侵犯人權行為的「監督機構」。但是，至今為止，某些漠視外籍實習生的勞動條件，只顧日方企業立場的惡性「監督機構」，均受到了吊銷執照等處分。況且職場若有問題，過去和今日都允許外籍實習生調動工作地點。

另一方面，外籍實習生透過本國的外派機構前往日本，之後再透過日本的「監督機構」被分派到日方企業工作，這種制度一成不變。換句話說，現行制度和新制度並無明顯區別，只是比之前更放寬外籍實習生的調動限制，並加強監管「監督機構」而已。畢竟，無論專家小組再如何討論，也無法一針見血地廢除調動限制。因為接納外籍實習生的日方企業，於事前針對每一名實習生，都已經支付了數十萬日圓的定金，用在他們赴日之前的日語培訓、護照、機票等費用。外籍實習生若在赴日後不久便申請調動，日方企業將無法收回成本。

・背負巨債，失聯——

真正必須解決的問題，實為外籍實習生於赴日之前所背負的巨債。他們本來可以在毫無經濟負擔的情況下赴日，所有經費都由日方企業負擔，但本國的外派或仲介機構，通常會索取巨額的手續費，尤以越南為甚。雖然越南政府將手續費上限設定為三千六百美元，但現實是沒人遵守，何況原則上，索取手續費本身就是一種違反制度宗旨的行為了。

無奈，有關這點，日本政府也愛莫能助，越南的外派機構和越南政府官員，透過賄賂而綁在一起這事，是眾所皆知的事實。據說，這些外派或仲介機構，多半由一黨獨裁的越南共產黨幹部家屬負責經營，派遣實習生前往日本這項行業，已經成為越南特權階級的收入來源了。此外，還有另一個讓手續費增加的原因，就是本國的外派機構，為了多派出實習生，會支付回扣給在日本負責介紹實習生給日方企業的「監督機構」。根據實習生在日本從事的工作行業，回扣金額有所不同。例如相對輕鬆的食品加工業，因深受實習生歡迎，有些「監督機構」會要求一人二十五萬日圓。農業和漁業是十萬日圓，人氣最低的營造業則為五萬日圓。

其實，日本《技能實習法》規定「監督機構」必須是「非營利法人」。然而，其商業模式往往與一般民間的人力派遣企業毫無兩樣。他們還會向日方企業徵收一人三至五萬的「監督費」。雖然法律禁止民間人力派遣企業參與「監督機構」，但據說民間人力派遣企業經常在幕後介入。

總之，外籍實習生不但要支付手續費給本國的仲介企業，還要支付給日方的「監督機構」，這也是手續費逐年遞增的主要原因。一般說來，外籍實習生在本國多是貧困階層的年輕人，赴日手續費只能仰賴借債。正是這些借債令他們於赴日後引發各種問題。其中之一就是「失聯」。大部分日本媒體都將外籍實習生「失聯」的原因，歸咎於轉職限制，實際並非如此。

專家分析，失聯的主要原因有二。一是他們本來就不喜歡辛苦的體力工作，想透過非法打工輕鬆掙錢。這類事例在營造業等工種的外籍實習生中很常見。即便他們調動了職場，工作環境也應該同樣嚴酷。因此新制度再如何放寬轉職限制，失聯人數大概也不會減少。另一個原因是背債問題。外籍實習生工資很低，為了盡快償還欠債，不少人會選擇逃離職場轉而從事非法工作。二〇二二年失聯的九千名外籍實習生中，有六成六是越南人。相較之下，同樣是外籍實習生，菲律賓實習生的失聯或犯罪例子就比較少見。菲律賓和越南一樣，在本國也有外派或仲介機構，但日語培訓及機票等費用都由日方企業負擔，菲律賓外派或仲介機構不會索取過分昂貴的手續費，因此菲律賓實習生不須背負巨債。這種差異大大影響了他們來日本後的生活品質。

此外，另有一些專家小組刻意迴避，但經常出現在網路論壇成為熱門話題的問題。例如，這些外籍實習生，到底是為了誰而被招攬至日本？真的有必要讓這些非專業、非熟練工、不會講日語的外籍實習生入境，然後眼睜睜看著他們故意失聯，之後成為非法居留的黑工嗎？

根據認可法人「外國人技能實習機構」統計，二〇二二年獲得實習認可的二十四萬六千餘案例中，最常見的行業是營造業，占全體的兩成二，其次是食品製造，占全體的一成九，機械、金屬相關行業占了一成五。若包括纖維行業的六．七％，大約有六成以上的外籍實習生在製造業工作。而看似最需要外籍實習生幫忙的農業，占比竟不足一成，長照護理占比更不到五％。

食品製造中，外籍實習生人數最多的是「副食」工種，占比是半數以上。「副食」工種，就是專門製造便利商店和超市裡的便當及家常菜的工廠。也就是說，在現實生活中，最需要外籍實習生的工種，除了營造業，正是便當工廠之類的第一線產線工人。為了讓日本國內的消費者可以買到廉價便當，企業方面只能選擇外籍實習生，但大多數消費者均不知此事，或者，明明知道卻裝作不知情，然後在網路大放厥詞，說日本不需要低端流動奴隸工。

．企業需求與外籍實習生的留日政策變化——

話說回來，由於廢除「技能實習制度」的話題過於熱門，致使大眾忽略了政府另一項重大政策。那就是，日本政府為了留住外籍實習生，決定擴大於二〇一九年四月設立的「特定技能勞動者」（Specified Skilled Worker, SSW）在留資格適用對象範圍。

想取得「特定技能」資格，除了日語能力，還必須通過各行業規定的技能考試。不過，凡具有滿兩年十個月以上工齡的外籍實習生，可以免除考試直接升級。截至二〇二三年底，在日本以「特定技能」資格工作的外國人，總數為二十萬八千人，其中，七成以上是從實習生升級而來，越南人占了五成三，印尼人占了一成六，菲律賓人占了一成。（數據來源：日本法務省出入國在留管理廳）

按照「技能實習制度」的規定，外籍實習生在日本進一步接受他在本國所從事的工作技能訓練後，理應再回國復職。雖然此規則完全有名無實，卻是限制實習生最長聘用期限為五年的依據。但是，日本政府為了留住實習生，於二〇一九年四月又設立了「特定技能勞動者」新制度，於是便有七成以上的外籍實習生，得以留在日本繼續工作。

「特定技能」分為一號、二號兩種，一號在留期間最長五年，可以轉職，適用對象為建築、造船、農業、長照等十二個領域（十四種行業）。若從一號升級為二號，便能無期限在日本工作，甚至可以自本國接家屬過來。不過，二號資格非常難取得，而且，之前僅適用於建築和造船兩個領域，二〇二三年六月又新增了九個領域，截至二〇二三年底，全日本僅有三十七人。而擁有一號資格的人，於二〇二四年春季到期，於是經濟界便要求政府擴大一號資格的適用對象範圍。目前已新增林業、鐵道、木材產業、汽車輸送等四個領域，加上之前的十二個領域，總計十六個領域。

擁有「特定技能」在留資格的外籍勞工，大多在食品製造業工作，占總數的三成以上。其次是產業機械、電氣電子資訊製造業，占兩成以上，長照護理一成三，農業一成二，建築一成。總的看來，半數以上的外籍勞工都在類似便當工廠的製造業工作，而且，日方企業為了繼續留住這些「純體力勞動者」，應該仍會向日本政府施壓，讓政府不斷擴大適用對象範圍。

只是，無論日本政府再如何更改政策內容，甚至廢除了「技能實習制度」，推出新的「育成就勞制度」，終究也是維持著「育成就勞」三年，之後升級為「特定技能一號」五年，最後再升級為可攜帶家屬的「特定技能二號」永久居留，僅此而已。

總之一句話，只要日本政府仍堅守「不推行移民政策」原則，那麼，為了迎合需要體力勞工的經濟界，以及不願意讓便當漲價的日本消費者，吸引來的就都是無法自由選擇工作，甚至居住了十數年仍不會講日語的「純體力勞動者」。他們最初在便當工廠工作，今後仍將繼續待在便當工廠製作便當，或從事其他日本人不喜歡做的工作。倘若日圓持續走低，日本國內與東南亞諸國的薪資差距逐漸縮小，不要說優秀移工或ＩＴ類的尖端外國人才，恐怕連這些「純體力勞動者」也都將拋棄日本了。

二〇四〇年的日本，將迎來勞動供給受限社會

・勞動力短缺危機——

勞動力短缺危機，是當今日本社會所面臨的緊迫課題。日本瑞可利職業研究所（Recruit Works Institute）針對今後日本社會將面臨的勞動力短缺問題，於二〇二三年三月發表了一份模擬預測報告《未來預測二〇四〇》。報告指稱，二〇四〇年，日本將迎來「勞動供給受限社會」，在全國範圍內，勞動力缺口可能高達一千一百萬人。

勞動供給受限社會，是指勞動力供給受到限制的社會。通常指因人口減少、老齡化、年輕勞動力減少等因素，導致社會無法提供人們維持生活所需的勞動力。二〇二〇年的日本勞動人口，占總人口的五十八．七％，到了二〇四〇年，將降至五十三．

九%。而六十五歲以上的人口比率，也將從二〇二〇年的二十八·七%，增至二〇四〇年的三十五·三%。

如果用現役勞動人口中的就業人口（二〇二〇年的日本勞動人口就業率是七十八·四%），對比高齡者人口的勞動力需求來看，二〇二〇年是約兩名勞動人口支撐著一名高齡者的勞動力需求，到了二〇四〇年，將成為僅有一·二名勞動人口，支撐著一名高齡者的勞動力需求。在此指的並非醫保、年金制度等社會保障，而是純粹勞動力供求比率。高齡者的勞動消費量（需求量），比一般人所想像的要高許多，例如長照等照護人力，三十代或四十代的現役勞動年齡層，幾乎不需要照護人力，但高齡者則不然。如果不從結構上改變社會，亦即讓高齡者利用機器代替人力，或者利用其他各種人力資源，別說是經濟成長了，恐怕就連日常生活都很難成立。

日本的勞動供給量在二〇二二年時，約有六千五百餘萬人，但隨著主要勞動人口急劇減少，到了二〇三〇年，將減至六千三百餘萬人，二〇四〇年更會減至五千七百餘萬人。可是，社會的勞動需求量基本上保持原狀，因為在二〇四〇年之前，日本的高齡人口不會減少，甚至會在二〇四二年達到高峰。高齡者高度仰賴醫療福利業、物流業、零售業等需靠人力支撐的服務，以維持日常生活。因此，今後對這些行業的勞動需求量，只會有增無減。若政府於當前沒有採取任何解決措施，遲早會出現以下問題。

首先，無論將時薪或月薪拉得再高，企業或商家都無法招聘到自己所需的員工，甚至會因為員工薪資過高，導致企業或商家無法維持業務。其次，不得不降低必要的服務水準，例如因缺工而無法提供居家照護服務，或無法提供除雪服務而導致雪災事故頻發，道路也因年久失修而坑坑窪窪，無法行駛車輛。再者，因缺工導致當地產業缺乏接班人而漸漸消失，遇到家裡馬桶堵塞也叫不到人來疏通，警察和消防部門也都難以維持。更甚的是，由於無法接受維持生活所需的服務，包括白領在內的所有社會成員，都會變成光是維持日常生活就已經筋疲力盡，遑論到公司工作或夢想在社會出人頭地了。

勞動力缺口最嚴重的行業是「長照服務」，二〇三〇年將不足二十一萬名照護員，二〇四〇年更會加倍至五十八萬名。據估計，二〇四〇年的照護員需求大約有二百九十九萬七千名，不足率為二十五．三％。屆時，每週需要接受四天的日托服務，便會因缺工問題而縮短為三天。

其次是「商品銷售」，二〇四〇年的勞動力需求為四百三十八．五萬名，但實際僅有一百多萬名，不足率為二十四．八％，零售店將被迫實現無人化，或在下午四點就打烊。「運輸、機械駕駛、搬運」行業的司機也嚴重短缺，二〇四〇年的勞動力需求高達四百二十三·二萬名，不足率為二十四·二%，相當於需要四個人才能完成的工作，實際上只能讓三個人去做。

此外，「營造業」的不足率為二十二%，意思是，只有七成八的道路可以維持現狀，某些地方城市很可能不但平日沒有人維修道路，碰到天災時，也沒有人進行修復崩塌的橋樑或道路，甚至連必要的基礎設施都無法使用。加之，超高齡社會不可或缺的醫生、護士、藥劑師等「醫療保健專業人員」，不足率為十七·五%，人們生病時無法看門診，就算叫了救護車也可能沒有醫院願意接收。

結果，整個社會的經濟活動，將長期持續停滯或陷於萎縮狀態，甚至因無法維持日常生活所需的服務，生活水準也會隨之下降。而為了維持日常生活所需的服務，大部分現役勞動力都將被轉移至這方面的服務項目，造成無法供應尖端領域的人力資源，也就無法出現新發明或技術革新了。

儘管接納移民是一種看似可行的解決方案，但世界人口將在二〇六〇年達到頂峰，況且不少步入高齡化的發達國家，均因移民及非法移民所造成的社會問題而頭痛不堪，為了保護自己的國家及公民，紛紛採取移民緊縮政策，以遏制移民數量。如此，就連向來對移民極為寬容的國家，也都感到極大的危機感了，更別說潛規則一大堆，外國人很難融入的日本社會，想利用移民政策解決缺工問題，恐怕困難重重。

再者，日本高齡者挑起勞動擔子的潮流正在加速進行，六十歲男性的就業率為七十八・九％（女性六成三），六十五歲男性的就業率為六十二・九％（女性四成五），七十歲男性的就業率為四十五・七％（女性三成），七十五歲男性的就業率為二十八・七％（女性一成七）。比起二十年前，各年齡層的數據均有增加傾向。（日本總務省二〇二〇年國勢調查）

今後，日本高齡者於退休後，繼續留在社會成為勞動供給主要來源的趨向，勢必仍會延續。只是，以國際標準來看，日本高齡者的就業率已經達到相當高的比率，餘力並不充裕。何況隨著年齡增長，就業率必然會下降，不可能指望七、八十歲的人，保有與現役勞動人口近八成的相同就業率，他們也無法擔當全職工作，因此，未來的勞動力缺口不能光靠高齡者來填補。

・未雨綢繆的對策——

《未來預測二〇四〇》提出了四項未雨綢繆的對策。

一・徹底機械化、自動化

如何利用人工智慧和機器人，來代替至今為止由人力所承擔的工作，將成為今後日本勞動市場的最大課題。隨著自動化的進展，更可以徹底改變日本未來的經濟形態。首先，推廣自動化可以讓人們擺脫長時間勞動的問題，過去需要十小時才能完成的工作，借助自動化的力量，可能只需八小時便能完成。

一些艱苦工作，也可以透過自動化減輕工人的體力負擔。例如，隨著自動堆高機和自動搬運車的普及，可以讓駕駛員擺脫裝卸重型貨物的作業。或者在住宅建設工地，能夠將材料運輸、安裝門窗等工作都機械化，讓各項工作變得更加輕鬆的話，將有助於緩解建築工人高齡化的缺工問題。

在護理和醫療保健方面，醫護人員不但可以擺脫過去占用大量時間的日常記錄工作，以及大量的外圍雜務，而且還能騰出更多時間與病患或用戶進行一對一的交談，繼而提高護理和醫療品質。在服務業和銷售業方面，也能減輕需要體力服務的業務，從而增加與客戶進行溝通所需的時間。

不過，即便可以將一些過去由人力完成的工作自動化，但要實現完全無人化的目標，仍存在著相當高的障礙。例如，在銷售業上，將收銀機作業自動化確實比較簡單，現在已經有不少大企業連鎖店的收銀機作業，都讓消費者自己動手。但要機器人在缺乏人力的情況下，完成盤點庫存，或在貨架缺貨時即時補貨等，則極為困難，這些作業都需要人力來完成。

此外，例如烹飪等與食品有關的業務，或郵件處理與其他附帶服務，都沒辦法完全自動化，也無法實現無人商店目標。只是，有些工作可以讓消費者分擔。例如，餐廳沒辦法將送餐及回收餐盤等工作都交給機器人，但只要消費者願意合作，主動「將餐盤轉移給配餐機器人」的話，那麼，在當前的技術水平之下，其實也可以讓更多工作自動化。

二・選擇「Workish act」（工作活動）形式

「Workish act」是《未來預測二〇四〇》研究小組所創造的新詞，組合了「work」（工作、功能、作用）、「ish」（如同、像是）、「act」（活動），翻譯成中文，是「工作活動」。意思是，除了本職工作之外，通過某種方式為社會分擔勞動力，做出貢獻，或解決他人勞動需求的活動。方式可以是社會活動、趣味、義工、日常習慣等，報酬可以是金錢報酬、心理報酬、社會性報酬等。

在幫助他人的所有活動中，最常見的是義工。但「Workish act」是比義工更輕鬆、更隨意的活動。當事者可以以自己覺得有趣、做起來很快樂的事情作為切入點，並由此而達到最終幫助他人的目的。

例如，有些活動，可以讓我們在旅遊中，同時享受旅遊和工作的樂趣。東京有一家創業型企業，在網站上提供正逢收穫季節的農家工作資訊，以及旺季旅館的招聘資訊。如果有人應徵，並匹配成功的話，該人可以在旅遊之餘，進行農作物收穫、配餐、清掃等「幫助」工作。如此，既可以一面旅遊，一面獲得金錢報酬，而且住宿免費，或許還可以享受無限制泡溫泉等當地優惠。

據該公司透露，直至二〇二三年十二月為止，共有四萬七千名遊客註冊，主要是二十代的年輕人，但也有七十代以上的人。接納方面據說有一千兩百家農業和旅遊業者註冊，各地都因為缺工，需要人力，而當地的地方自治行政機關，也會通過補貼部分費用並安排住宿等方式，吸引外地人前來。

又例如，利用某IT企業開發的智能手機應用程序，以類似玩手遊的方式，幫忙檢查各地的人孔及電線桿現狀。活動參與者在出門散步時，順便拍攝城市中的人孔及電線桿照片，並登記其位置信息，事後再將這些數據提供給地方自治行政機關與電力公司。活動中，參與者可以得到角色的鼓勵，並累積可以兌換電子貨幣的積分。據提供活動的公司透露，二〇二二年十月啟動活動以來，已經收集了五百二十六萬條人孔及電線桿的數據。

對地方自治行政機關與電力公司來說，檢查基礎設施設備是一項耗費人力和時間的工作，相關人員都對該應用程式的數據能否應用在實際業務這點，極感興趣。日本東北電力集團甚至對此進行了實證測試，結果顯示，原本一名檢查員需要一個多月才能收集到的電線桿數據，該活動在一天內就收集完畢，因此相關人員都對該活動的實用化寄予厚望。

除了時薪、積分等報酬，「感謝」也算是一種獎勵。例如有一種名為「巡邏跑步」的活動，參與者在慢跑中，同時進行防範和美化活動。看到路燈熄滅了，打電話通知地方自治行政機關，或者，因保護失蹤老人及走失孩子，獲得警察局發給的感謝狀等，甚至可以登上各種媒體。

《未來預測二〇四〇》研究小組，以居住在日本的二十歲至六十九歲的人為對象，進行了「Workish act」意識調查。結果，據說目前已有二十五・六％的人都在進行某種「Workish act」，換算為數字，大約是一千九百六十六萬人。其他另有二十四・二％的人，表示目前雖無法進行，但希望將來可以參與「Workish act」活動。「已參與」和「將來打算參與」的人，雙方總計人數約為三千八百二十四萬人，已經超過了四十七・八％的「無活動、不打算參與」的人。

當然單靠「Workish act」工作活動形式，是不可能解決缺工、人口減少等社會問題，但總比坐以待斃要來得更有意義，至少可以為社會做出貢獻，高齡者也不會成為社會包袱。

三・高齡者的微小服務活動

直至二〇四〇年，日本的高齡者人口比率只會有增無減。屆時，即便年事已高，高齡者也要盡可能與社會掛鉤，並以各種方式成為他人的助力，這點非常重要。只是，對現役世代的人來說，很難想像高齡者到底適合什麼樣的社交活動，因此，《未來預測二〇四〇》研究小組，採訪了四十名高齡者，勾勒出即便上了年紀，也可以讓家庭開支與社交活動兩立的高齡者未來藍圖。

首先，在工作方面，高齡者不期望高薪、高負荷的工作，他們重視的是收入雖然不高，但負擔也較輕的小工作。就高齡者的家庭財務狀況來看，他們已經沒有必須撫養的家屬，消費水平也不高，年金之外，每個月只要有十萬日圓的收入，即綽綽有餘。具體來說，像是設施管理工作、不需太多體力的輕工作、現役勞動者的輔助工作等，都可以讓高齡者為社會做出貢獻。

此外，從高齡者的生活角度來看，包括賺取收入的工作，他們的活動範圍正在逐漸擴大。多名受訪者提到的活動，除了當地社區的活動、家庭菜園等農活，另有公寓和公共設施的清掃維護等活動。從事這些活動的契機多種多樣，有人是受到公寓管理協會的前任所委託，也有人是為了在外面活動身體，或是想與當地社區的人來往，更有人只是沒事做而參與各種活動而已。值得注意的是，在受訪的高齡者之中，沒有一個人是抱着某種理想或目標而開始工作或參與活動的。

例如，有一名男性，在一所私立補習學校教小學生和國中生。工作是輪班制，通常在週一、週二、週三和週四下午四點二十分上班，一直工作到晚上九點左右。他擔任的是小學數學和國語，以及國中生的英語、社會、國語，偶爾也會擔任高中生的國語和日本史。

精力充沛的小學生經常叫他「爺爺」，而非「老師」，有時還會帶來一些他們沒學過的東西，讓「爺爺」教他們。就此意義來說，他感覺好像在和孫子們玩耍。他一點嗜好都沒有，周圍的人都在談論旅遊如何如何，但他對旅遊毫無興趣。他表示，幸運的是，他在人前說話不會覺得難受，因為已經習慣了。他說，工作，既是為了補貼家庭開支，也是為了讓自己的生活過得有勁一些。

另一個例子，是從事聽障者支援活動的男性。他從六十歲開始從事此活動，至今已有十五年。據說，聽障者去醫院看病時，很難與醫生溝通。這時，他會陪同聽障者去醫院，把醫生說的話寫成文字給聽障者看，這叫做「Note Take」，並代替聽障者與醫生溝通。契機是在他所居住的城市的公關雜誌上發現到的。他本來就不討厭寫字，但也並非想幫助殘疾人士，或對福利事業有濃厚興趣，只是剛好有空閒時間，想試試看而已。他不但喜歡和他人交流，也喜歡這項活動，認為只要能為他人幫上一點忙，即無比欣慰。

由此可見，大家都不是懷著某種抱負或目標而留在社會，均是「可以幫上一點忙」就好了。因此，在迎來勞動供給受限的社會之前，日本需要營造一個不分年齡大小，不分工作或「Workish act」，都可以讓高齡者從事多種活動的環境。

四・刻不容緩的「徒勞業務改革」

「徒勞業務改革」意味徹底減少企業的徒勞業務。日本企業在高度成長期間和泡沫經濟期間，以國內外需求有增無減為前提，不斷擴大事業並確保人力資源。半個世紀過後的今日，經濟奇蹟時代早已結束，卻仍有許多企業未能消除當時形成的「過剩」業務，大部分職場依舊存在著各式各樣的「徒勞業務」。

往昔，即便職場存在著一些徒勞業務，但只要事業仍能成長，倒也無所謂。如今，企業可以持續成長的時代已經結束，現在只能將這些過去的負遺產一一可視化，再考慮應該按照什麼順序去削減哪些徒勞業務，才有可能指望企業今後的成長。

特別是製造業和服務業領域，管理層和第一線之間往往存在著距離，員工數量很多，需要改革的領域也很廣，這些條件都阻礙了改革。儘管這些行業最需要更大程度的改革，但由於高階管理人員的意見無法傳達至第一線，反倒致使對策業務變得更繁瑣，結果無法發揮最大效果。如果企業能夠成功地統一上下游的共識，就能對公司產生極大影響。

《未來預測二〇四〇》研究小組，針對日本企業的社內徒勞業務做了一項調查。

結果顯示，對企業經營者和幹部來說，最普遍的兩項徒勞業務是：「缺乏必要系統或沿用過時系統，導致許多操作和業務必須在紙上完成」，以及「要求過於精緻或過高品質的操作和業務」。對主管來說，最普遍的兩項徒勞業務是：「個人認為沒有必要，但上司或相關人士卻認為有必要，於是不得不去做的操作和業務」，以及「明明有更簡單的方式，卻還要延用繁瑣或耗時的方式去完成的操作和業務」。對員工來說，最普遍的兩項徒勞業務則為：「缺乏必要系統或沿用過時系統，導致許多操作和業務必須在紙上完成」，以及「明明有更簡單的方式，卻還要延用繁瑣或耗時的方式去完成的操作和業務」。

然後，再向經營者、幹部、主管、員工全體，詢問了業務中徒勞業務的存在和比率。結果，有七成左右的經營者和幹部，知道徒勞業務的存在，甚至有三成的人，認為徒勞業務占了整體業務的三成。有七成二的主管階層，知道徒勞業務的存在；有五成六的員工，知道徒勞業務的存在。然而，明明知道問題所在，卻無從著手去解決，而且有八成以上的人，都認為手中正在進行的工作中，確實有自己可以削減的徒勞業務，這些徒勞業務占比大約是兩成左右。

也就是說，無論經營者、幹部、主管或員工，都意識到自己正在進行的工作，存在著兩成左右的徒勞業務，而且可以透過自己的決定，刪減掉這些徒勞業務，可是，實際上卻沒有人真正去實行。

日本的缺工問題根深柢固，當然無法在短期內輕易解決，但說實在的，日本企業確實存在著不少徒勞業務。例如企業組織和制度，一家企業裡頭存在著社長、副社長、專務、常務、理事、執行委員、部長、擔當部長、課長、係長等，十數層甚至數十層級別，完全是昭和時代的制度結構。一道請示，一級一級傳上去，還要一級一級蓋章，然後再讓決策一級一級傳下來。難怪有不少與日企有合作關係的外企，都說日企的決策非常慢。再者，日企中的這些職位，並非靠工作能力競爭結果而登上的，大部分都靠年功序列制度，結局是讓日本失去了國際競爭力。

第三章

兩性關係

結婚只是人生中一個可有可無的選項（國際比較）

二〇二〇年日本國勢調查人口統計項目中，得出男性的「生涯未婚率」為二十八·三%，女性為十七·八%的數據結果，創下一九二〇年以來國勢調查史上最高紀錄。按各個都道府縣來看，男性比率排行第一的是東京都三十二·一%，滋賀縣則以二十三%墊底，兩者差距約為九個百分點。女性排行第一的也是東京都二十三·八%，福井縣則以十二·一%墊底，兩者相差近一倍。若單獨挑出東京都來看，已經呈現出「男性三人中有一人，女性四人中有一人」是生涯未婚者的狀態。而且據推測，二〇三〇年時，男性三·六人中有一人，女性五·三人中有一人；二〇四〇年時，男性三人中有一人，女性五人中有一人，都將成為不婚不生的生涯未婚者，孤獨終老。

「生涯未婚率」亦即「終身未婚率」，表示一生中從未結過婚的人口比率。算法是根據四十五歲至四十九歲，以及五十歲至五十四歲這兩個年齡層中，從未有過任何結婚及離婚等經歷的人的未婚率平均值，所計算出的五十歲時的未婚率。不包括因離異或喪偶的人，但包括「事實婚」（沒有正式結婚入籍但和伴侶同居）。雖然在當今的晚婚時代，五十歲過後仍有結婚的可能性，但由於比率過低，男性僅占一・六%，女性也僅有〇・七%，因此統計數據一律統一在五十歲，並成為日本終身單身者的人口比率指標。

・結婚難民——

其實，日本在高度經濟成長期結束，社會跨入安定成長期之後，出現了「單身貴族」（日文：独身貴族）這個詞。當時，日本處於「皆婚社會」，意思是「全民皆婚」的時代，結婚生子是日本男女的人生必經之路，大約有九成五以上的男女，都會選擇結婚生子這條路。當時也沒有任何媒體或專家會去在意「未婚化」、「少子化」、「高齡化」等問題。也因此，自己選擇不婚的「單身貴族」占比非常少。

不過，「單身貴族」最初的定義是「可以將時間和金錢全花在自己身上」的人，絕非意味「有錢的單身人士」。只不過，「貴族」這個詞具有「富有、隨心所欲」的形象，加之，二〇〇六年的電視劇《熟男不結婚》（阿部寬主演）、二〇一三年的電視劇《單身貴族》（草彅剛主演）之影響，「單身貴族」也就一直給人一種「荷包飽滿、謳歌自由人生」的感覺。

然而，在當今的日本社會，「單身貴族」這個詞雖然依舊存在，但已經成為少數族群。現代的不婚不生族，許多都是基於經濟上的問題，而不得不淪為結婚難民。

根據過去的數據，可以看出，日本是自一九九〇年代起，「生涯未婚率」開始逐年遞增。尤其在千禧年以後，「生涯未婚率」增長得特別快。千禧年的日本男性「生涯未婚率」仍僅有十二·六％，女性也僅有五·八％，二十年過後，增長至將近三成與一成八。一九九〇年代之後，不正是泡沫經濟崩潰，日本經濟失速，失落的三十年云云，非正規僱用的男性驟增的時代嗎？男性的收入若不穩定，便會缺乏自信組建家庭，從而對結婚生子採消極態度。女性也會考慮到懷孕後必須放棄職涯發展的可能性，於是只能在高收入男性層中精挑細選，挑選到最後，才恍然大悟，原來自己已經步入生涯未婚者圈子裡了。

儘管在少子高齡化的日本，終身未婚現象很可能成為一種普遍存在，但未婚化問題並非日本的特有趨勢，在已開發國家中，選擇不婚生活方式的潮流其實已日益明顯。例如法國、瑞典及英國等，男女未婚率都比日本高，而且生育率也比日本高。不同的是，這些國家的未婚者通常選擇「事實婚」，亦即不在乎有法律保障的「法律婚」，只要合得來，就一起住，再自然而然地共同撫養下一代。也因此，法國的非婚生子女占比高達六成以上，瑞典是五成五，英國是四成四，而日本僅有二・四％。

其背景是法國有民事互助契約的「PACS」制度，瑞典也有「Sambolagen」法律等，都是保障同居伴侶和子女權利的制度，且無論同居伴侶是異性或同性。換句話說，歐洲已開發國家的家庭世代，不僅不選擇法律所定義的「法律婚」，而且這些「未婚夫妻」同時也積極在養育子女。因此這些國家的「終身未婚者」，與日本的「終身未婚者」，兩者意義截然不同，前者有伴侶也有子女，後者則為名符其實的「終身單身」，將獨自一人迎來老後生活。

・不同國家的婚姻觀——

這種結婚觀、家庭觀的差異，明顯體現在為何不婚的理由上。日本內閣府《二〇二〇年度有關少子化社會國際意識調查報告書》，調查對象是二十至四十九歲的男女，調查國家是日本、法國、德國、瑞典。其中有一項針對無配偶者（但包括離婚經驗者和有同居伴侶者）的「目前不婚的理由」提問，綜合複數回答的前三大理由，結果顯示，日本占比最高的是「還沒遇到適合對象」（五十・五％），其次是「不想失去單身的自由和輕鬆」（三十八・六％），再次是「經濟上負擔不起」（二十九・八％），接下來依次為「感覺不到結婚的必要性」（二十七・九％）、「現在只想享受自己的嗜好和消遣」（二十七・三％）。

比較各國的結果，歐洲三個國家的回答，占比最高的都是「感覺不到結婚的必要性」，瑞典六十・七％，法國五十八・九％，德國四十九％。其次是「同居就足夠了」，瑞典四十七・二％，法國四十一・四％，德國三十四・八％（日本勾選這項答案的人僅有二・九％）。第三名才是「還沒遇到適合對象」，瑞典四十一・五％，德國三十三・九％，法國三十一・三％。

另一項是針對全體的提問「結婚或同居在人生中的必要性」，日本占比最高的是「一定要結婚、最好要結婚」（四十七・八％），其次是「結婚、同居或戀人都不一定是必要的」（三十九％）。其他國家的前兩名回答，則各別為瑞典「結婚、同居或戀人都不一定是必要的」（三十四・九％）、「不一定要結婚，但最好同居」（三十二・九％）；法國「一定要結婚、最好要結婚」（二十八・六％）、「結婚、同居或戀人都不一定是必要的」

（二十六・一％）；德國「一定要結婚、最好要結婚」（三十八・八％）、「不一定要結婚，但最好同居」（三十二・五％）。

日本的「結婚、同居或戀人都不一定是必要的」選項，在二〇一五年時，占比為二十一・八％，僅僅五年，就增加了十七・二％，可以說爆增速度相當快。雖然將近半數的人仍舊認為結婚是必要的，但比起二〇一五年的調查結果（六十五・五％），減少了將近兩成的十七・七％。

有趣的是，如果抽出無配偶者及無同居伴侶者的數據，並按性別來看的話，日本單身男性有四成表示「一定要結婚、最好要結婚」，單身女性則僅有三成，兩者差距為一成左右。表示「結婚、同居或戀人都不一定是必要的」的單身男性，占了四成五，女性則占了五成三，兩者差距同樣將近一成。也就是說，比起日本男性，日本女性更不願意跨入婚姻之路。

再來看看「對婚姻生活感到不安的問題」之國際比較。日本的最大不安是「婚姻生活所需的花費」（四十二・三％），其次是「該如何解決兩人之間出現的問題」（三十五・六％），再次是「彼此的親屬之間的交往方式」（三十五・二％），接下來依次是「兩人投不投緣」（三十四・八％）、「彼此的父母的長照問題」（三十四％）等。

比較各國的結果，法國最重視「兩人投不投緣」（三十七·六％），其次是「該如何解決兩人之間出現的問題」（三十一％），再次是「個人自由的限制」（二十六·八％）。德國的排行為「該如何解決兩人之間出現的問題」（四十二·一％）、「兩人投不投緣」（四十一·二％）、「個人自由的限制」（三十·七％）。瑞典的排行則為「該如何解決兩人之間出現的問題」（三十七·二％）、「兩人投不投緣」（三十一·七％）、「沒什麼不安問題」（二十五·一％）。

從上述數據可以看出，比起東方人的日本，歐洲人偏重於個人問題，日本人則偏重於經濟問題，以及對方的親屬與父母。在經濟問題方面，瑞典最不計較花費問題，僅有八·八％的人懷有不安感，法國則為一成九，德國是兩成二。至於「彼此的父母的長照問題」，法國最不在意，僅有六·五％的人會擔憂，接著是德國十·七％，瑞典則為十一·四％。

·不同國家的戀愛觀——

最後來看看戀愛觀。日本的受訪者勾選最多的答案是「戀愛可以讓人生變得更加豐富」（四十七・九％），其次是「如果對方主動接近，會考慮一下」（四十・四％），再次為「如果談戀愛，會考慮和對方結婚」（三十七％）。其他國家的受訪者勾選最多的答案，同樣是「戀愛可以讓人生變得更加豐富」（瑞典八十七・六％、德國六十二・三％、法國五十四％）。但是，歐洲人不像日本人那麼靦腆，只會等待對方主動接近，德國有將近四成、瑞典有將近三成五的人，會「主動接近自己感興趣的人」，而有浪漫大國之稱的法國，竟然只有十七・四％的人會主動接近對方，反倒是十九・五％的日本積極一些。

與二〇一五年的日本的調查結果相較，可以發覺，「對談戀愛沒有信心」的日本人，增加了一倍，自七・七％增至十四・一％；「覺得戀愛很麻煩」的人，也自十二・七％增至十九・四％。如果光挑出無配偶者也無同居者的男女的選擇，日本有三成多的單身男女「覺得戀愛很麻煩」，這個數據和瑞典很接近，瑞典也有將近三成的單身女性及兩成五的單身男性「覺得戀愛很麻煩」，德國則不及一成，法國更少，僅有二・五％。「對談戀愛沒有信心」的單身男女，日本是兩成六，德國是一成三，法國是一成二，瑞典是三・三％。

當被問及「希望在什麼樣的機會與交往對象認識」時，日本、德國、瑞典都有六成左右的人選擇「通過朋友或熟人介紹」，法國則有三成的男女，選擇了「透過興趣愛好社團，或在為了取得資格證、提高技能等學校認識」。至於「利用婚介網站、社交網站、婚介應用程式等網路網站」的人，以瑞典為最多，占五成以上，其次是德國三成五，法國兩成四，日本最低，僅占一成七。

總的來說，對比四個國家的戀愛觀，日本的特徵是「如果對方主動接近，會考慮一下」，尤其是女性，占比很高。此外，瑞典的男女選擇「戀愛可以讓人生變得更加豐富」的占比非常高，而日本在這四個國家中，男女的占比都是最低的。日本男女結識伴侶的方式，通常是透過朋友介紹或職場、興趣愛好等，利用婚介網站的人的占比，是四個國家中最低的。

就婚姻在人生中的必要性而言，日本一方面認為「一定要結婚、最好要結婚」，但另一方面又認為「結婚、同居或戀人都不一定是必要的」，這兩個選擇的占比最高。至於不婚的理由，其他三個國家都選擇「感覺不到結婚的必要性」，或「同居就足夠了」，唯獨日本，男女雙方都表示「還沒遇到適合對象」、「不想失去單身的自由和輕鬆」，男性則以「經濟上負擔不起」占最高。

對婚姻生活感到不安的問題，日本的特徵在於「彼此的父母的長照問題」，這在四個國家的女性占比中，尤為突出。而且日本男女都最擔憂「婚姻生活所需的花費」，但其他三個國家，都比較在乎「兩人投不投緣」、「個人自由的限制」之類的個人問題。這點凸顯出東方人與西方人的家庭觀之差異。

全盤看來，可以發現，日本是個對戀愛持消極態度，在兩性關係上更是非常被動的社會。大眾只有兩個選擇，要麼選擇結婚，要麼選擇成為沒有戀人也沒有同居伴侶的終身未婚者。而日本女性對婚後的擔憂，比重往往放在與結婚對象的父母的關係、經濟問題，以及子女養育問題，這與其他國家所考慮的雙方之間的關係、個人的自由時間等，形成了鮮明對比，非常有趣。

「皆婚社會」之後的「終身單身社會」

日本曾經是「皆婚社會」，意思是，所有人都應該且必須結婚的一種社會觀念。當時，無論男女，只要到了一定年齡，都必定會步上結婚之途。實踐終身不婚的獨身主義者，實屬少數，在過去和現在，都僅占五％左右。事實上，在二十世紀二〇年代至六〇年代，日本男女的「生涯未婚率」（五十歲時仍未婚的比率），均不足二％。直至二〇一〇年，男性的「生涯未婚率」提高至兩成，女性也超出了一成之後，日本社會及媒體才開始注視起晚婚化、未婚化等問題。

據說，十七世紀初的江戶時代早期，日本有半數男性農民與三成女性農民，均因找不到結婚對象而終身未婚。當時是長子繼承制，若夫妻膝下只有女兒，那就招婿入贅。長子以下的男子，最好不要結婚生子，終生都待在原生家庭充當勞動力，或當備份。萬一長子不幸病逝或意外身亡，次子遞補上去，娶大嫂為妻，認侄子姪女為自己的子女，這種例子很常見。但是，到了十九世紀中葉的江戶時代末期，武士階級的父權家長制、嫁娶婚制度普及至庶民階級，於是形成了「皆婚社會」。

當時有九成五的男性農民都結了婚，女性農民的結婚率更多達九成九。只是，那時候的庶民婚姻都是夫婦別姓，而且幾乎都是雙職家庭。最重要的是，丈夫和妻子的財產是分開的，即使是丈夫，也不能擅自變賣妻子的財產（例如和服或髮簪等），因而離婚是家常便飯，二婚與三婚更不足為奇。不過，德川幕府所在的大都會江戶市（今日的東京都），在幕末時期，男性的有配偶率占比是五成（十六～六十歲），女性是七成（二十一～四十歲）。這個比率恰恰和江戶時代初期相同，也恰恰和現代日本東京都的男女有配偶率相同。（數據資料：《幕末江戶社會的研究》，南和男著，吉川弘文館出版社；二〇二〇年國勢調查）

換句話說，從縱觀歷史的角度來看，日本社會其實並非一直是「皆婚社會」，而且都市區和鄉鎮區的婚姻比率也各不相同。不過，明治政府於明治三十一年（一八九八）公布了《明治民法》，制定了「家制度」及婚姻制度後，日本才算是正式跨入了「皆婚社會」。正是「皆婚社會」的皆婚主義觀念，令日本的人口從四千多萬（一八九七）爆增至突破一億（一九六七）。**（家制度：全家人同姓、女性於婚後入丈夫戶籍、戶主擁有支配家庭成員所有一切的戶主權、男尊女卑、家督繼承權等。）**

・傳統的「皆婚社會」到多樣化的「現代家庭」——

「皆婚社會」有個特徵，就是大眾對「婚姻」的實質內容不感興趣，吸引他們注目的是「婚禮」、「入籍」、「蜜月旅行」、「新婚住居」等，這些與婚紗行業、旅遊行業、房地產行業有關的項目，時尚雜誌也專挑這類題目組成專輯。儘管「婚活」這個詞及相關活動在日本很流行，電視節目或週刊雜誌也經常報導名人的訂婚或結婚消息，婚紗產業更是蓬勃發展。但是，人們對婚姻實情漠不關心，甚至極其無知，對「婚姻生活」、「婚姻關係」、「婚姻制度」等話題，無動於衷。

另一個特徵是，「男人要結了婚才算獨立自主的成人」、「女人的幸福在於婚姻」，或「無論男女都應該結婚生子」的皆婚主義觀念，根深柢固，不婚的人會被視為異類。對人們來說，婚姻是一種為了在社會上被視為「真正的成人」的手段，或為了證明自己是個「正常人」的對策，亦或是為了獲得國家庇護（社會保障）的必經儀式，以及為了履行為人子女的義務（傳宗接代），不少女性更是為了換取生活保障等，僅此而已。

無論結婚目的為了什麼，男女雙方的共通之處應該是「成家」，亦即組建一個新家庭。「皆婚社會」的大多數人，通常認為人生的目的是戀愛、尋找對象、結婚、生子，然後建立一個幸福的家庭。人們普遍認為，與懷有戀愛感情的戀人結婚，並和自己的父母一樣，「再生產」另一個家庭，是身為人類的一種天經地義且永遠不變的行為。尤其在日本社會，人們相信，所謂「家庭」，是指由一對經過正式婚姻手續的男女所組成的小集團，是社會的基本組成單位，是自人類誕生以來就一直延續至今的存在。

其實，這是第二次世界大戰後方始形成的意識形態，戰前的家庭觀是封建的父權家長制。明治時代的「家制度」於戰後一九四七年廢止，雖然在法律上消失了，但父權家長制對人們的思想觀念、行為方式等，仍具有深刻影響。

日本於戰後經歷了復興期、高度成長期，直至人們普遍富裕起來的一九七〇年代初為止，家庭結構趨於小規模化，家庭成員也轉為由父親、母親，以及兩個未婚子女組成的核心家庭，也就是日本的「標準家庭」模式。這種戰後「標準家庭」模式，專家們稱之為「近代家庭」。「近代家庭」的特徵是戀愛結婚、小家庭、性別角色分工文化、已婚婦女的全職主婦化等。但以一九七五年為界，「標準家庭」和全職主婦的比率達頂峰後，「近代家庭」開始多樣化了起來。

單親家庭（母子、父子）逐年遞增，單身家庭（單人戶）也不斷增多，頂客家庭（雙薪，無子女）更來勢洶洶，人們逐漸接受了多樣化的家庭模式，並視其為一種新時代的生活方式。與此同時，人們對組建家庭的意識也發生了變化，從固定的家庭觀中解放了出來。

戰後經濟奇蹟所帶來的富裕化，生活環境的變化，女權運動促使愈來愈多的女性主動跨入職場，高度消費社會與資訊社會的到來，個人主義的盛行……均為推動家庭模式多樣化的背景。而今日，又出現了眾多以往不能被稱為家庭的家庭，例如沒有正式入籍的「事實婚」家庭、同性伴侶家庭、合租集體生活家庭，以及包括了再婚家庭、繼親家庭等複雜血緣關係的重組家庭。我們正是生活在多樣化的家庭模式、多樣化的家庭觀並存的世界，這種不受「近代家庭」理念束縛的新家庭模式，專家們稱之為「現代家庭」或「後現代家庭」。

・「腰掛OL」、「壽退社」、「總合職」——

家庭模式與人們的家庭觀均產生了變化之後，日本社會迎來了不婚不生時代。有專家將年輕人不婚的原因，歸咎於女性逐年增多的四年制大學升學率。根據日本文部科學省的「學校基本調查」，二〇二二年的女性四年制大學升學率，占比是五十三·四％，兩年制的短期大學升學率占比為六·七％。

過去，大約直至一九八〇年代為止，日本仍是皆婚社會，當時的大多數女生會選擇兩年制的短期大學或專門學校。二十歲畢業後，先投入職場，當了數年「腰掛ＯＬ」（Koshikake OL）之後，再迎來「壽退社」（Kotobuki Taisya），辭職結婚生子去當全職主婦。

「腰掛」（Koshikake）是「坐下」之意，另一個意思是「坐在沒有靠背的椅子上」，亦即「一時棲身之處」或「一時之計」、「暫時」之意。「ＯＬ」是「Office Lady」（一般女性職員），總和起來便是「結婚前暫時投入職場工作的年輕女生」之意。「壽退社」是「因要結婚而向公司遞出辭呈，非常可喜可賀」之意。

這是當時的社會文化，旨在讓女性於高中畢業後直接投入職場，或繼續接受兩年高等教育，再投入職場體驗社會人生，然後（最好在二十五歲之前）因結婚而離職，隱身進家庭當賢妻良母。

當時的企業也經常舉辦員工酒會、運動會、文化祭，以及一夜兩天的員工溫泉旅行等，盼望藉各種活動激起男女員工之間的愛意，進而發展為職場結婚。雖然這些活動的真正目的是培養全體員工的團結意識，但也確實給年輕員工提供了配對機會及場所，算是一種變相的相親活動。企業給年輕夫婦準備的福利制度也非常充實，例如提供住房的「社宅」等，都是想讓男性員工早早結婚成家，以便婚後可以對公司盡心盡力。簡而言之，算是當時的日本社會與企業，聯手運作的職場結婚文化，因此，年輕未婚男女不需擔心「還沒遇到適合對象」，或「經濟上負擔不起」等問題。

而當時的日本女性也普遍認為，投入職場的最終目標，是能夠在公司與某男性員工談戀愛，待兩人決定結婚後，女方再向公司遞出辭呈，同時接受眾人的祝福。在當時，「壽退社」是一件極為光榮的事，也是女性邁向幸福人生的唯一道路。簡單說來，就是社會為女性所安排的一條「幸福之途」。

但在一九九六年，日本女性選擇四年制大學的比率，超過了選擇兩年制短期大學的比率，之後比率數據一路飆升。這表示，日本女性開始拒絕踏入社會所安排的「幸福之途」了。當然這也和日本政府為了倡導推廣性別平等，於一九八六年實施的《男女僱用機會均等法》有關。法案於一九九七年及二〇〇六年又經過兩次修正，政府想方設法欲讓日本女性能在職場獲得性別平權，以避免男女雙方的差別待遇。無奈，法案在現實中的成效並不理想，二〇二二年度的日本職場女性主管比率，僅占十二・九％，在G7國家中排在最後一名，甚至比韓國的十六・三％還低。（日本總務省二〇二二年「勞動力調查」）

實施了《男女僱用機會均等法》後，迎來的卻是泡沫經濟崩潰，之後，就業冰河期也隨之而來，導致企業的終身僱用制度跟著動搖了起來。終身僱用制度瓦解的話，類似大家庭的職場社區制度也會隨之瓦解。於是，女性開始自覺，只有達成經濟獨立，自己賺錢養活自己，才能自由自在安排自己的人生。而為了達成經濟獨立，首先就是要提高自己的能力；而為了提高自己的能力，最簡單的方法正是提高自己的學歷。

提高了學歷的女性，不願意再當「腰掛ＯＬ」，對「壽退社」也失去了興趣。她們放棄了工作單純輕鬆，在職場須向男同事或男上司斟茶遞水的「一般職」；選擇了可以和男同事競爭，可以加班或出差，可以調職到海外或國內其他城市，可以加薪並升遷，但肩上所扛的責任也相對沉重，夜晚還得應付飲酒交際應酬的「總合職」，於是職場結婚風潮便逐漸走上了衰退之途。

「總合職」很辛苦，連男性都需要家裡有個專業主婦支撐才做得來的工作，女性更是困難重重。當女性碰上結婚、懷孕、育兒等人生轉折點時，往往因家庭和工作無法兼顧，只能含淚向公司遞上辭呈。不過，這又是另一個故事了。

・與異性相識的契機——

話說回來，女性在學校多待了兩年，投入職場後，她們會發現，原來在職場找不到理想對象。以前所認為的那些學歷比自己高，薪資比自己高，在公司內有升遷可能的男同事，一旦自己與他們站在同樣的起跑線時，才恍然大悟，原來「職場結婚對象」的條件也不過如此而已。

根據日本厚生勞動省每隔五年實施一次的「出生動向基本調查」，二〇二一年度《有關結婚與分娩之全國調查》報告，在第一部〈單身者調查結果〉項目中，以十八歲至三十四歲、身邊有異性戀人或訂婚者的未婚男女為對象，提問「與異性伴侶相識的契機」。結果，「在職場或透過工作而相識」的比率，男女雙方均僅占一成五，多數都是在學校，占了三成。也就是說，在大學時代便相識，然後成為戀人。但是，在八〇、九〇年代，男女雙方「在職場或透過工作而相識」的比率，占最多數。此外，二〇二一年的特徵是透過網路相識的比率大增，男性一成五，女性一成八，可能與疫情有關。

接下來看第二部〈夫婦調查結果〉項目中的「與配偶相識的契機」，調查對象是雙方都是初次結婚、婚姻期間未滿六年、妻子在五十歲之前結婚、妻子在調查時未滿五十五歲。結果，「在職場或透過工作而相識」的比率僅占兩成一，比起八〇、九〇年代，大約減少了六成。而透過網路認識的比率則增至一成四。不過，有一點很有趣，那就是，調查對象若是夫妻之一或兩人都是再婚，婚姻期間未滿五年的例子，「在職場或透過工作而相識」的比率，則會飆升至將近四成。

總的來說，往昔的「皆婚社會」存在著多數的「安排婚」，到處都有「隱形媒婆」。未婚男女即便在職場沒有遇到理想對象，父母也會想盡辦法透過相親方式，讓子女步入婚姻之途。但在現代，不但公司上司不敢向未婚屬下勸說結婚，就連父母也不大敢向子女提起婚姻大事，深恐會被冠上「性騷擾」或「精神騷擾」等罪名。

再者，日本女性的四年制大學升學率與「生涯未婚率」成正比關係。據二〇二〇年的國勢調查人口統計，日本女性的「生涯未婚率」是十七・八％，但若縮小年齡及學歷範圍，可以算出，五十歲至五十四歲、大學畢業學歷的女性，未婚率為二十七％，研究所碩士或博士學歷的女性，未婚率為二十九％。也就是說，女性學歷愈高，終身未婚的比率也愈高。而男性這方，五十歲至五十四歲、大學畢業學歷的未婚率為十六％，研究所碩士或博士則為十二％，比起所有男性的二十八・三％未婚率，兩者差距不小。

這意味著，同樣是男性，擁有大學以上學歷的人，比高中以下學歷的人更容易找到結婚對象；而同樣是女性，擁有大學以上學歷的人，比高中以下學歷的人更難找到結婚對象。

如今，女性選擇高學歷的比率逐年升高，而受過高等教育的女性，倘若找到一份高收入的工作，在工作中獲得了滿足感，在經濟上也能獨立自主，那麼，是不是會有更多高學歷女性覺得沒有必要結婚呢？畢竟在日本，學歷與收入成正比，而且女性通常不願意下嫁給條件比自己差的男性。非要選的話，更多女性寧願選擇當未婚媽媽，獨力養育孩子。

既然學歷與收入，甚至與結婚有關，將來會不會形成沒有高學歷的男性結不了婚，有高學歷的女性則自組單親或集體家庭的社會呢？而能不能擁有高學歷，往往和父母的經濟能力成正比。說白了，就是父母的經濟能力，決定了子女的學歷，繼而決定了子女的收入，最後又決定了子女的婚姻大事。

總之，日本的「皆婚社會」制度已經瓦解，「標準家庭」比率也逐年遞減，而多樣化的「現代家庭」模式仍在變化中。或許，日本真的會如專家們所預測那般，於二〇四〇年升級為「終身單身社會」。

東京都廳所提供的AI交友軟體，救得了戀愛弱者嗎？

・「東京月老」AI「婚活」服務——

二〇二三年底，日本媒體報導，東京都廳將開始提供AI交友軟體服務，消息一出，即在網路世界成為熱門話題。此交友軟體的正式名稱為「TOKYO縁結び」（東京月老），就是官方提供的單身男女相親平台，已於二〇二四年九月全面啟動。

使用對象限定為十八歲以上，而且在東京都生活、工作及上學的單身者。註冊時須實名登記，並須提交駕照、護照或個人編號卡等，附有臉部照片的身分證件，以及單身證明書、年薪預扣所得稅表等。單身證明書是一種正式文件，須向籍貫所在地的市區町村官公署戶籍課直接或在線申請，或透過郵寄方式申請並取得。註冊費用為一萬一千日圓，有效期間兩年。註冊後再與都廳負責人進行在線面談，最後填寫自我宣傳及所求的對象條件，AI就會為註冊者找到匹配對象。由於雙方都利用軟體溝通，不用交換聯絡資料，因此不用擔憂個資會流失，況且註冊時的個資都是正式文件，更不用擔憂會出現民間交友軟體常見的假網戀騙局。

根據東京都廳的說明，他們於二〇二一年進行了一項調查，結果顯示，有結婚意願但目前沒有對象的單身者之中，積極在進行「婚活」的人僅有三成，其他七成的人毫無任何行動。自二〇一九年的調查以來，此數據始終沒有變化。

再根據「Recruit Bridal總研」的《婚活實態調查二〇二三》報告顯示，日本全國使用「婚活」服務的人數，在二〇二一年已達高峰，最高峰時的比率是二十五％。意思是，在全日本所有二十代至四十代的單身者之中，僅有不及三成的人急著找對象，為自己的婚姻大事焦頭爛額，其他七成以上的人均按兵不動。（**Recruit Bridal總研：日本瑞可利集團旗下，針對戀愛、結婚、家庭生活的調查研究機構。**）

同樣是「Recruit Bridal總研」的調查結果，據稱，二〇二二年通過「婚活」而步上結婚之途的人當中，與結婚對象相識的場所，排行依次為「婚活」網站（四十四％）、婚介所（三十八．五％）、熟人介紹（二十三．四％）、參與自己感興趣的社群媒體平台社群（十七．九％）、愛好或學習場所（十六．七％）、相親聚會或相關活動（十六．四％）。調查顯示，透過「婚活」網站相識並結婚的人數比率最高。

想談戀愛或有打算結婚，但目前沒有對象的單身者中，有二十五．二％的人使用過「婚活」服務。二〇二二年，在「婚活」服務用戶中，透過「婚活」服務找到對象的人，比率高達四十九．五％，連續四年成長，創歷史新高。就連剛開始使用「婚活」服務的新用戶，也連續三年成長，二〇二二年的新用戶中，有十八．七％的人配對成功。而在二〇二二年結婚的新婚夫婦中，有十五．四％是透過「婚活」服務與伴侶相識並結婚。此外，身邊若有利用「婚活」服務而找到對象甚至結婚的經驗者的人，比起身邊毫無經驗者的人，嘗試「婚活」服務的比率高出三至四倍。

從調查結果可以看出，在日本，「婚活」服務已經扎根於日常生活中，成為單身男女配對的主流方式，而且成功率相當高。然而，願意利用「婚活」服務的單身者，四人中僅有一人，大部分人都裹足不前。東京都廳正是想為這一大群消極的人，提供更深入的支援，才決定推出ＡＩ交友軟體。畢竟這一大群消極的人，有可能處在異性較少的職場環境，或者，當事人本身就是個戀愛弱者。

東京都廳相關負責人表示，「推出AI交友軟體的目的，並非想向民間企業施壓，而是針對那些期待有朝一日能結婚，但尚未進行任何婚活的人，能夠通過都廳提供的交友軟體服務，跨出婚活第一步，之後再自行利用民間的婚活服務，早日讓他們想結婚的願望成真。」

「Recruit Bridal總研」的《戀愛結婚調查二〇二三》報告顯示，二十至四十九歲的未婚者中，僅有二十九．七％的人有戀人，沒有戀人的比率占了七成以上。此外，二十代男性中，從未談過戀愛的人占了四十六％，比上一次兩年前的調查多出十一．八個百分點。二十代女性中，也有二十九．八％的人從未談過戀愛，比上一次調查多出五．五個百分點。三十代男性中，從未談過戀愛的比率，男性占了四十一．二％，女性則占了二十五．三％。再往上看四十代的從未談過戀愛的比率，男性有二十二．九％，女性有二十六．五％。由此可見，沒有戀愛經驗的族群正在逐年擴大。

為何現代男女不談戀愛了呢？看看他們的戀愛觀，應該可以得出答案。原來他們「只願意和以結婚為目的的對象交往」，二十代男性占了三十四．六％，二十代女性更是高達四十四．三％；三十代男性也高達三成七，女性則為兩成八。另一項理由，是他們認為「戀愛浪費時間和金錢」，二十代男性占了二十三．七％，二十代女性占了十九．

四％。若將年齡提高至三十代，比率也相差無幾，男性占了二十三．六％，女性占了二十一．七％。這表明，現代男女的戀愛觀發生了變化，他們不願意將時間和金錢花費在談戀愛上，若非得和異性交往不可的話，他們會選擇以結婚為目的的對象。

但是，現代男女並非不願意結婚。二十代至四十代的未婚男女中，「有朝一日想結婚」的人占了四十六．一％，「尚未決定」的人占了二十八．三％，「現在與將來都不想結婚」的人，僅占二十五．六％。不過，「有朝一日想結婚」的比率確實正在逐年減少，而「尚未決定」和「現在與將來都不想結婚」的比率，也一年比一年增多。

在不想結婚的理由中，男性占最多的是「結婚會造成經濟上的負擔」（四十二．五％），女性占最多的是「結婚會讓自己的行動和生活方式受到限制」（四十二．五％）。

雖然想不想結婚或結不結婚，都是個人的選擇，但若從社會觀點來看，造成少子化的因素之一，確實是現代男女的不婚不育觀念。而造成現代男女不婚不育的原因，說到底，男性終究還是在經濟方面，他們依然被「男人必須扛起養家重責」觀念所束縛，女性則在懷孕生子方面，深怕婚後懷孕會逼迫她們放棄事業，並令她們失去自由。

據說，東京都廳提供的「婚活」支援服務，除了AI交友軟體，另有兩項支援。一是頻繁舉辦須提交單身證明的男女未婚者相親活動，另一是線上諮詢。據負責人說明，如果因為擔憂未來的育兒問題而不想結婚，可以透過線上諮詢，詢問東京都有哪些與育兒相關的補貼與支援事宜。

總的看來，這種須提交身分證明與單身證明，並由地方自治體運營的男女相親服務，應該有市場。其實不僅東京都廳，日本各地的地方自治體，都有提供男女相親活動服務，只是沒有滲透至一般群眾，也沒有發展至開發AI交友軟體而已。

民間的交友軟體或「婚活」網站，基本上都以賺錢為目的。例如優惠女性，讓女性會員免費，而且有不少女性是為了賺取積分而註冊，運營方再以這些女性為誘餌，榨取男性會員的腰包。目前的現實狀況是，民間交友軟體的會員中，以「一夜情」為目的的男性會員太多；透過婚介所或須提交身分證的正規「婚活」網站，女多男少，男女比例為三：七；而地方自治體舉辦的公共相親活動，報名者多半是女性，若碰上雨天，相親晚會便會變成「女子會」，然後登上電視晚間新聞報導，成為全國的笑柄。

・「異次元少子化對策」——

東京都廳提供的AI交友軟體，打的口號是「廉價、安全、男女平等」。網路上的反應大多給予正面評價，更有人建議這類相親 App 應該由政府出面主導，讓更多想結婚的人可以安心尋偶。畢竟在日本，若沒有正式結婚便很難進一步去思考生育問題。想解決少子化問題，首先要做的是提高結婚率。但目前日本政府所實施的少子化政策，完全是本末倒置。例如膝下有三個受扶養孩子的家庭，自二〇二五年起，大學入學金和學費均免費。條件看似非常好，但是，這裡頭有陷阱，可以免費的並非是家中有三個孩子的家庭，而是有三個「受扶養」孩子的家庭。

舉例來說，某個家庭，第一個孩子是大學一年級，第二個孩子是初中三年級，第三個孩子是小學六年級。那麼，第一個孩子可以成為無償化對象，四年大學學費全豁免。但當第二個孩子考進大學成為新生一年級時，第一個孩子剛好大學畢業並開始工作，這時，第一個孩子便不再是受扶養對象了，於是第二個孩子和第三個孩子都將無法成為學費無償化對象。

換句話說，在膝下有三個孩子的家庭中，父母為了讓三個孩子都有資格獲得完整四年的免費大學教育，就必須是一次生三胞胎，才有可能在同一年入學；或者，有的留級有的跳級，讓三個孩子同年級，才有可能享受這條「異次元少子化對策」。

附帶一提，並非只有四年制大學有資格成為無償化對象，醫學院、藥學院等六年制大學，專科學校與職業學校也都符合資格。研究生院雖然不被列為無償化對象，但第一個孩子若在研究生院就讀，身分依然是受扶養孩子，第二個或第三個孩子就有可能成為無償化對象。其他以此類推。

這條「異次元少子化對策」被公布之後，在網路上受到了無數批評與唾棄。尤其是「兩個孩子恰恰好」的「標準家庭」，更是怨聲四起，「我們繳的稅無法回歸到自己的孩子身上嗎？」畢竟，膝下有三個孩子的家庭並不多，而現代年輕男女不婚不育的原因之一，其實也在孩子的教育費過於昂貴。倘若所有孩子的教育費都免費，或許還有可能促使新婚夫婦積極生第三個孩子。

總之，與其讓無能政客在國會提出無用政策，不如多花點心思放在「如何增進結婚率」問題上。既然在二十至四十九歲的未婚者中，有七成以上的人都沒有戀人，二十代年輕男性中，有四成六的人從未談過戀愛，那麼，先讓這些人找到戀人或嘗過談戀愛的滋味之後，再來考慮第三個孩子的大學費用也不遲吧。

坦白說，對那些戀愛偏差值低，或戀愛經驗少的戀愛弱者來說，官方只要附帶提供數名能給予正確建議的輔導員，即便官方的交友軟體會員費價格再高，他們也會心甘情願支付的。

為什麼日本的單身男性會愈來愈孤獨？

・日本女性擇偶條件的變化——

往昔的日本女性，擇偶條件是高學歷、高身高、高收入的「三高」，但溝通戰略專家岡本純子在其著書中指出，比起「三高」，現今的日本女性似乎更重視「溝通能力」。據說，日本某交友軟體公司曾針對該軟體的女性用戶，進行了一項「高規格男性定義調查」。結果顯示，第一名是「高年薪」，其次是「高溝通能力」，再次是「有禮貌」。

在「想結婚的男性類型」調查中，第一名是「會顧小孩和做家務的人」，第二名以下依次為「與外遇無緣，只對自己好的人」、「努力工作的人」、「談話有趣的人」、「擅長節約並會管理家計的人」。往昔的「高收入」排在第七名，「高身高」排在第十三名，「高學歷」更是退後至第十六名。這表示，往昔的「三高」條件已經跟不上時代了。

而日本近畿大學教授，也是社會性別專家的奧田祥子，更明確指出，日本女性對男性的要求愈來愈苛刻，尤其是令和時代的新女性，擇偶條件已經升級至「三C」、「四低」、「三強」、「三生」了。

「三C」：Comfortable（舒適）、Communicative（彼此理解）、Cooperative（協作、合作）。

第一個C，是指在不降低單身時代以來的生活水準的前提下，擁有能過上舒適生活的經濟實力和生活能力。另外，產後能否充裕地養育孩子也很重要。意思是，如果男方單獨一人的收入，足夠支撐整個家庭的最低生活水準，女方就可以安心申請產假和育嬰假。

第二個C，大部分女性追求的是一種價值觀相近、能夠理解彼此的思維方式和行動方式的關係。也就是說，每當發生問題時，男方若能夠每次都好好把事情說清楚，女方便不會積存壓力，就更容易共同建立良好的婚姻關係。簡單說來，正是「高溝通能力」。

第三個C，是指能幫忙帶小孩做家務的男性。昭和時代的「男主外、女主內」觀念是舊時代的殘渣，無論對方收入有多高，令和時代的女性不喜歡把所有家務事都交給妻子的男人。

「四低」：低姿態、低依賴性、低風險、低汽燃費。

・**低姿態**：令和時代的新女性喜歡低姿態的男性。那些對權力及地位比自己低的人，例如婦女、兒童或公司下屬，採取盛氣凌人態度的男性，不受歡迎。某些對商店服務員頤指氣使，或握住駕駛盤的瞬間，性格會發生變化的人，也都被視為潛在性的道德騷擾者，會讓女性避而遠之。

・**低依賴性**：低依賴性的男性，是指不會把家務事都交給妻子做的男性。新時代女性喜歡既能照顧自己，又能照顧小孩的獨立男人。反之，那些將妻子當做母親，在家裡什麼事也不做，茶來伸手飯來張口地凡事依賴妻子的男性，已經落伍了。

・**低風險**：令和時代是經濟衰退、物價飛漲、稅收暴增的時代。女性想尋找的是在任何情況下都能安心生活的伴侶。低風險的男性，意味擁有一份穩定工作的男性，是終身僱用的正社員，而非契約社員、派遣員工或臨時工。

・**低汽燃費**：低汽燃費指的是不會亂花錢、省油的人。由於經濟持續衰退，揮霍無度的人會影響家計，女性無法安心。但是，女性也討厭因吝嗇而不能享受約會氣氛的男性。理想型是願意把錢花在家人或妻子身上的男性。

「三強」：強壯的身體、強壯的經濟力、強壯的婚姻生活力。

・**強壯的身體**：身強力壯的人，不需要承擔額外的醫療費用，畢竟身體是資本，精力充沛的人比較容易維持穩定的婚姻。正面思考、性格活潑、擅長交際、喜歡和孩子玩耍的人，大多身體很健康，也沒有不良嗜好。

・**強壯的經濟力**：指的是擁有穩定經濟能力及地位的人，是會理財的人。女性的擇偶條件，怎麼說都離不開經濟能力，尤其在經濟衰退的現代，女性不再追求夢想創業的野心家男性，反倒是埋頭苦幹，可以維持穩定職位或工作的男性更受歡迎。

・**強壯的婚姻生活力**：意味不會抱怨家計都讓妻子管理，或發牢騷說單身時代比較好過，並能包辦所有家務，且能積極照顧孩子的男性。

「三生」：生存力、生活力、生產力。

・**生存力**：意味在婚姻生活中，無論發生什麼問題，都能及時應對的生存能力。能夠冷靜從容應對任何情況的人，哪怕是小小的爭吵或者糾紛，都能不厭其煩與妻子進行討論的話，那麼，無論在家庭、工作、私生活，都是值得信賴的男性。

・**生活力**：生活力是指在精神上、經濟上獨立的男性。不依賴妻子也能夠做好家務、照顧好孩子，並認真工作的人。舊時代的「男人只要能賺錢就好」、「家務是女人做的」觀念，已經不符合時代潮流了。

・**生產力**：女性對結婚對象的最後一項條件是生產力。意思是，在任何情況下都能創造新事物的能力，這類男性人脈廣泛，具有領導能力，受四周人信任，即使遇到困難也能生存下來。

以上是奧田祥子教授總結出來的結論。奧田教授認為，現代日本女性所追求的「理想男性」，條件過於苛刻，導致現代日本男性遲遲無法成家。不僅女性，就連社會，對男性的要求也極為嚴厲，造成日本男性感覺活得很辛苦的結果。

或許正因為女性要求過高，促使男性乾脆放棄所有「婚活」，既不玩交友軟體，也不參加自己所在地的地方自治體舉辦的相親活動，主動成為戀愛弱者一員，將自己的人生模式切換成「避婚模式」。而為了保有最後一絲自尊心，他們會對外說，「不是結不了婚，而是不想結婚罷了。」

事實上，日本令和時代的女性擇偶條件，不外乎三項：穩定的收入、能做家務事、價值觀相近，僅此而已。說到底，「三C」、「四低」、「三強」、「三生」是「理想男性」，這種男性在韓劇中可能存在，但在現實生活中根本不存在。光是經濟條件這一項，便已經是遙不可及的存在了，遑論做家務、帶孩子，有的甚至還要求男性於退休後當岳父母的照顧者。

先來看看經濟條件。據說，有結婚意願，且正在積極進行「婚活」的日本未婚女子，她們對結婚對象的收入條件通常訂在「年薪五百萬日圓以上」，或者，最低條件是「年薪四百萬日圓以上」。這是因為在電視和網路新聞中，最常報導的男性平均年薪約為四百至五百萬日圓。而實際上，根據國稅廳二〇二二年的《民間工資實態調查》，也得出日本人的平均年薪是四百五十八萬日圓的數據，其中，男性是五百六十三萬日圓，女性是三百一十四萬日圓。

若只看上班族正社員，男女平均年薪是五百二十三萬日圓。再按性別來看，男性正社員是五百八十四萬日圓，女性是四百零七萬日圓。但是，若將年齡集中在適婚年齡的二十代和三十代，差距便出來了。二十代前半的男性平均年薪是二百九十一萬日圓，女性為二百五十三萬日圓；二十代後半的男性平均年薪是四百二十萬日圓，女性為三百四十九萬日圓。三十代前半的男性平均年薪是四百八十五萬日圓，女性為三百三十八萬日圓；三十代後半的男性平均年薪是五百四十九萬日圓，女性為三百三十三萬日圓。

也因此，在未婚女子看來，年薪四百至五百萬日圓的條件並不高，畢竟只要求平均數字而已。但是，若看人口比率，年薪是四百至五百萬日圓的男性，只占全體的十七・七%；下一層的三百至四百萬日圓的占比有十五・五%，上一層的五百至六百萬的則占了十四・二%。也就是說，有將近半數的上班族男性，年薪鎖定在三百至六百萬日圓之間，而且這個數字包括了單身和已婚男性，絕非未婚男性的平均年薪。

若要比較男性的平均年薪和婚姻率之間的關係，就要看日本總務省二〇二二年的《就業構造基本調查》的數據。以三十代男性為主，分為未婚和已婚兩個群體，再來看他們的年薪分布。三十代前半的已婚者之中，年薪在四百至四百九十九萬日圓的人，占最多數的二十四・五%，其次是五百至五百九十九萬日圓，占了二十二・四%，再次是三百至三百九十九萬日圓，占了十八%。未婚者之中，年薪在三百至三百九十九萬日圓的人，占最多數的二十四・二%，其次是二百至二百九十九萬日圓，占了二十・七%，再次是四百至四百九十九萬日圓的人，占了十九%。

簡單說來，同樣是三十代前半，單身男性的平均年薪是三百七十七萬日圓，占最多數的中位數是三百五十萬日圓；而已婚男性的平均年薪是五百零六萬日圓，占最多數的中位數是四百五十萬日圓。單身男性和已婚男性之間的年薪差距，剛好是一百萬日圓，正是這一百萬日圓，決定了婚姻大事。

接下來看三十代後半的男性。已婚者之中，占最多數的年薪分布是五百至五百九十九萬日圓，有十九・五%；其次是四百至四百九十九萬日圓，占了十九・三%；再次是三百至三百九十九萬日圓，占了十四・一%。未婚者之中，占最多數的年薪分布是三百至三百九十九萬日圓，有二十二%；其次是二百至二百九十九萬日圓，占了二十・三%；再次是四百至四百九十九萬日圓，占了十八・一%。

也就是說，同樣是三十代後半，單身男性的平均年薪是三百九十二萬日圓，占最多數的中位數是三百五十萬日圓；而已婚男性的平均年薪是五百六十三萬日圓，占最多數的中位數是五百萬日圓。單身男性和已婚男性之間的年薪差距，拉高至一百五十萬日圓。

總的說來，三十代前半的未婚男性中，有六成以上的人，年薪未滿四百萬日圓，因此，四百萬是結不結得了婚的年薪標準。而三十代後半的未婚男性中，同樣有將近六成的人，年薪未滿四百萬日圓。四百萬至四百九十九萬之間的人，單身和已婚各半，這表示，年薪在五百萬以上的人，比較容易獲得結婚對象。

而在全體的三十代未婚男性中，年薪有五百萬日圓以上的人，僅占了兩成二，四百至四百九十九萬日圓的人也不到兩成。試問，那些認為「年薪四百至五百萬日圓的條件並不高」、「我們只是開出平均數字的條件而已」的未婚女子，到底有何能耐，覺得自己可以讓這些占比不到兩成的單身男性看中呢？難怪日本男性的終身未婚率會逐年增高。

附帶一提，日本的非正規員工的平均年薪為男性二百七十萬日圓，女性一百六十六萬日圓，與正社員之間的差距極大。即便是正社員，二十代後半的女性，平均年薪有三百四十九萬日圓，但到了三十代前半，平均年薪竟降為三百三十八萬日圓，到了三十代後半，更降至三百三十三萬日圓。這個年齡層的女性，正是為了分娩和育兒，不是辭職便是留職停薪，因此拉低了女性全體的平均年薪。對在職女性來說，懷孕、分娩和育兒，似乎始終是影響職涯發展的最大因素。

「終身單身社會」之後的「獨居社會」

・單人戶家庭——

根據日本厚生勞動省於二〇二三年七月公布的《二〇二二年國民生活基礎調查》報告，現今的日本家庭總數有五千四百三十一萬戶。其中，占比最多的家庭型態是獨自一人生活的單人戶，占家庭總數的三十二・九%；其次是夫妻與其未婚子女的小家庭，占二十五・八%；夫妻倆相依為命的雙人戶，占二十四・五%；單親與其未婚子女的家庭，占六・八%；剩下的是三世代家庭和其他。換句話說，日本的「標準家庭」已經不再是「夫妻加上兩名子女」的小家庭，而是一個人單獨生活的單人戶了。（**國民生活基礎調查：每年進行一次調查，每隔三年進行一次大規模調查。二〇二二年度正是第十三次大規模調查。**）

家中有六十五歲以上高齡者的家庭，占家庭總數的五十・六%。其中，單人戶家庭占了三十一・八％，夫妻兩人的雙人戶家庭占了三十二・一％，父母與其未婚子女的家庭占了二十・一％，三代同堂占了七・一％，剩下的是其他。

再來看看家庭成員都是高齡者的高齡者家庭占比。高齡者家庭占了家庭總數的三十一・二％，其中，單人戶占了五十一・六％，僅有夫妻兩人的家庭占了四十四・七％。這表示，半數以上的高齡者家庭都是獨自一人生活的單人戶，而僅有夫妻兩人的家庭，多半是孩子都已經成家，或者已經離巢，家中只剩下六十五歲以上的丈夫和妻子。接下來看高齡者單人戶的組成，女性占了六十四・一％，男性占了三十五・九％。

簡單說來，在日本的所有家庭中，有三成是高齡者家庭。而高齡者家庭中，半數以上是單人戶，其中，女性單人戶占了六成四，男性單人戶占了三成六。這是因為女性壽命比男性長，二〇二二年的日本男性平均壽命是八十一歲，女性是八十七歲。但是，死亡高峰年齡則為男性八十八歲，女性九十三歲，男女的實際死亡年齡均高於平均壽命（日本厚生勞動省統計）。按數字字面看，女性比男性多活了五歲，不過實際應該更多，因此在六成四的女性高齡者單人戶中，寡婦身分大概不少。若自六十五歲便迎來退休生活，男性大約還有二十四年，女性大約還有二十九年的老後期間。二十四年與二十九年，是長？或是短呢？

接下來繼續看高齡者單人戶的年齡分布：（男性／女性）

- 六十五～六十九歲：二十五．四％／十三．三％
- 七十～七十四歲：二十八．七％／二十一．六％
- 七十五～七十九歲：十八．八％／二十．三％
- 八十～八十四歲：十三．五％／二十．六％
- 八十五歲以上：十三．六％／二十四．一％

男性占比最多的是七十至七十四歲，八十五歲以上最少；女性與男性剛好相反，占比最多的是八十五歲以上，最少的是六十五至六十九歲。六十五至六十九歲這個年齡層的女性，多數應該都還未成為未亡人身分。換言之，男性隨著年齡增長，單人戶數量也隨之減少；女性則隨著年齡增長，單人戶數量也隨之增加。

總之，在所有單人戶中，八十歲以上的男性占了兩成七，女性則占了四成五。單人戶表示孤家寡人生活，而八十歲以上的高齡者單人戶占比竟然如此多，這數字確實很驚人，但也明顯刻畫出日本家庭型態的變化。報告書中同時列出了一九八六年的統計數字，當時家中有六十五歲以上高齡者的家庭，約有四成五是三代同堂，之後，三代同堂的家庭數量逐年遞減，到了二〇二二年，便僅剩七．一％。反之，夫妻兩人的雙人戶和單人戶則逐年遞增。

一九八六年時，日本仍處於「皆婚社會」，子女及其配偶或許也比較願意和高齡父母同居，因此三代同堂的家庭數量占了四成五。如今，子女到了一定年齡時，大多會離巢，自己去打拚，而且因日本經濟遲遲無法成長，以及近年來的不婚不育觀念，很可能仍維持著單身身分，顧不及孤單一人在老家過活的年邁父母了。再者，現代的高齡者，很多人都不願意和子女同住，畢竟，彼此的生活方式不同，生活作息更是不同，若健康方面沒有問題，夫妻兩人甚至單獨一人過日子比較自由自在。

倘若將高齡者以外的世代也算進去，單人戶潮流並非日本特有現象，應該已經成為全球趨勢。經合組織的統計（OECD, Trends Shaping Education 2022）顯示，隨著人口老化，在已開發國家中，單人戶數量一直有增無減。單人戶數量最多的是芬蘭，占比為家庭總數量的四十二．六％，德國居次，占比為四十一．八％，愛沙尼亞和挪威位居第三，占比為三十九．六％，瑞典排行第四，占比為三十八．一％。日本在有可比數據的二十三個國家中，排行第八，占比為三十四．五％，法國稍微高一些，占比為三十五．一％，韓國則為二十八．五％，英國為二十八．三％，加拿大為二十八．二％，美國為二十七．九％。

瑞士（十六％）、土耳其（十五·四％）、墨西哥（八·八％）殿後。

再根據日本厚生勞動省的「國立社會保障·人口問題研究所」推測，二〇二五年的高齡者單人戶，男性可能會達到高齡者總人口中的一成六，也就是說，六人中有一人是單人戶，女性占比為兩成三。又因為少子化的影響，二十代至四十代的單人戶數量會逐年減少，但五十代以上的單人戶數量則會逐年增加。尤其是男性，二〇二五年的生涯未婚率將升至總人口的兩成七，其中，六十五歲以上的男性未婚率，也將提高至九％。亦即，膝下無子女的男性高齡者單人戶數量，明顯會增加。女性高齡者單人戶在二〇二〇年時，占全日本家庭總數量的八％，二〇三〇年時會增至九％，二〇四〇年則會增至一成以上的十一％，意思是，大約九戶中有一戶是獨居的老太太。

·獨居高齡者、孤獨死一年比一年多——

換句話說，日本將從「終身單身社會」演變為一個人居住、一個人生活、一個人老去的「獨居社會」。而且，日本的問題不光是單身者、獨居者有增無減，癥結在獨居高齡者一年比一年多。獨居高齡者增多，會為社會帶來什麼樣的影響呢？迄今為止的日本，無論在護理、貧困或孤立等生活風險方面，一直是家庭佇立在最前線，家人充當遮風擋雨的保護傘作用。然而，一個人獨居的單人戶持續增加的話，由於沒有同居家人，顯而易見將會很難應對此類的生活風險。

例如長照相關領域，即便日本政府於二〇〇〇年推出了公共介護（長照）保險制度，但當家中出現了長照被照顧者時，據二〇二二年《國民生活基礎調查》報告，主要照顧者有六成左右是家人。其中，四成六是同居家人，一成二是分居家人。同居家人的主要照顧者中，女性占了六成九，男性占了三成一；分居家人的主要照顧者，也是女性占了七成，男性僅占三成。那麼，沒有同居家人也沒有分居家人的高齡者單人戶，到底要指望誰來提供照顧呢？

當一個人陷於需要被第三者照顧的狀態時，不但日常家務和購物會變得很困難，與外界社會互動的機會更會逐日減少，最後孤立無援。屆時，就算有政府提供的公共照護資源，獨居的被照顧者也很容易成為隱形人，無法被人看到。更棘手的問題是，社會保險制度該如何撐持？現狀是居家醫療和居家照護在撐持，若失去了家庭這把保護傘，老人醫院和安養機構等公共資源，恐怕將獨力難支。

此外，孤獨死問題也很深刻。在日本，孤獨死人數逐年增加，估計每年都會發生三萬件左右，因此被媒體報導的機會也愈來愈多，已經成為一般人在日常生活中隨時可能遇到的重大問題。獨居高齡者一個人在家中，即便身體狀況突發劇變，也很難立即向他人求助，於是便很可能在無人察覺的情況下過世。過世後依舊沒有人注意到，這種例子隨時都會發生在所有獨居高齡者身上。

例如東京都，孤獨死件數一直在持續增加，二〇二〇年的統計顯示，僅在都心二十三區內，就有四千二百件孤獨死案件。而且年齡從四十歲起逐漸增加，到六十代達頂峰，這表示，孤獨死案件不再局限於高齡者了。高齡者的孤獨死案件，通常與經濟狀況無關，無論有錢沒錢，都可能出現孤獨死例子。但是，青壯年和中年人的孤獨死，八成以上都與經濟困難有關。

一般有正常工作的人，通常與社會保持著聯繫，若無故曠工，公司會派人到住處查詢，因此很難發生在家中猝死數天後才被發現的例子。還未到退休年齡的人，在住處孤獨死之後，數天甚至數星期後才被發現的例子，通常表示死者與社會沒有任何接觸，亦即是個沒有正規工作，沒有同事，沒有相識鄰居，與家人及親屬也失去聯繫的「孤族」人。大都會聚集了多數離鄉背井的人，孤獨死案件會持續增加也就不足為奇了。

失智症患者驟增也是個大問題。失智症是無法根治的慢性退化性疾病，由於發病進程緩慢，不易察覺，而且有個別差異，除非是同居者，否則旁人很難根據該人的外在言行，判斷出該人是否患了失智症。據日本厚生勞動省稱，二〇二〇年，在六十五歲以上的高齡者人口中，約有六百萬人患有失智症。估計在二〇二五年，失智症患者將增至七百萬人。也就是說，五個高齡者之中，有一個是失智患者，此問題已經成為日本的主要社會問題之一。

第四章

社會階級

那些活在「孤獨大國」喧囂社會中的

孤獨籠子裡的人

・「孤獨」的健康威脅——

「獨處」（Solitude）不等於「孤獨」（Loneliness）。「獨處」是一個人享受或占有專屬於自己的時間或空間，有時是自願，有時是被迫，但不論自願亦或被迫，呈現的都是一種「身邊沒有任何其他人」的物理狀態；「孤獨」則指不管你獨自一人或身處人群中，內心所感受到的那份孤寂、不安、焦慮、沮喪、無依無靠的感覺，呈現的是一種情感狀態。「獨處」帶來的，有時是滿足與平靜，有時是冷清與寂寞；「孤獨」帶來的，卻是對健康上的負面影響，會對身心造成損害，甚至會導致死亡。

無數科學研究都證明了「孤獨」比抽菸和肥胖更危險，並已經成為一種嚴重的現代傳染病。第十九任、第二十一任美國醫務總監穆爾蒂（Vivek H. Murthy）曾說過：「在我看診的歲月，最常見的問題不是心臟病或糖尿病，而是孤獨。」甚至斷定說：「虐待、霸凌、貧困、酒精和藥物依賴等，所有社會問題都源自於孤獨。」更於二〇二三年五月於X（舊推特）宣布：「孤獨已成為流行病，是美國公共健康的新威脅。」

據說全美約有半數成年人，在新冠疫情爆發之前即感受到孤獨。長期感到孤獨的人，相當於每天吸十五根菸。美國公共衛生局發布的報告顯示，與社會失去聯繫並感到孤獨的人，過早死亡風險增加六十％，患心臟疾病風險增加二十九％，中風風險增加三十二％，長者患失智症風險增加五十％。可見孤獨問題已成為全球各界都必須面對的社會問題。

英國於二〇一八年率先設置了「孤獨大臣」（Minister of Loneliness）職位。據說英國有四分之三的社區醫生表示，每天有五分之一的患者是因孤獨來就診。英國高齡者因與社會斷了聯繫，孤立環境令他們患上失智症的比率增高，年輕人則因孤獨而導致精神健康惡化，孤獨的負面影響可能會令英國經濟每年損失三百二十億英鎊。

日本政府也在二〇二一年二月宣布成立「孤獨與孤立對策擔當室」，並新設了「孤獨與孤立事務大臣」職位。日本設立「孤獨大臣」的主因，是因為在新冠疫情期間，女性自殺率攀升，二〇二〇年的女性自殺率比前一年增加了十五％，當時的菅義偉首相表示，必須緊急採取全面措施。世界衛生組織（WHO）則於二〇二三年底，針對孤獨成立了國際委員會，對全球呼籲孤獨有害健康。如此，世界各國紛紛展開孤獨因應對策。

・日本人比較喜歡孤獨？——

然而，往昔甚至今日的日本，大多數人都以正面態度看待孤獨，尤其文人或某些時尚及文藝雜誌，不時會傳播「孤獨是美德」的觀念，或刊載「孤獨的美學」之類的文章，出版社更接二連三推出美化孤獨的書籍。最明顯的例證是《孤獨的美食家》，無論漫畫或電視劇，至今仍廣受支持。當然《孤獨的美食家》並非推崇孤獨，作者描寫的是男人的浪漫，是在為那些現實生活中的孤獨中年男人打氣。

畢竟現實生活中的中年男人活得很辛苦，他們也許每天都在無能上司底下工作到筋疲力盡，也許在某天會碰到下屬突然說要辭職，回到家裡後夫妻關係又陷於彼此冷漠對待的情況……因此，作者讓主角井之頭五郎於工作之餘，獨自到不為人知實際存在的當地平價大眾食堂，享受一個人吃飯的時間與樂趣。日本的粉絲也集中在四十至五十代的男性上班族，甚至興起了一股「聖地巡禮」熱潮。這股熱潮至今仍未消退，YouTube上仍有不少「孤獨的美食家」網紅，在影片中從不露臉，也不說話，只是到各地的餐館，獨自一人默不作聲地吃當地的大眾美食。

事實上，比起其他民族，日本人確實也較喜歡孤獨，並具有極強的孤獨抵抗力。很多人在下班後或假日，通常獨自一個人過。即便離鄉背井在其他城市工作並獨居，除非有重大要事，否則也不會給父母打電話，偶爾打個電話，也僅是報安而已，不會花太長時間。日本人習慣了一個人去連鎖餐廳吃牛丼或親子丼，一個人在辦公桌前吃午餐便當，一個人抱著爆米花看電影，一個人揹著背包去旅行，甚至連到深山露營也是一個人。

也因此，日本人對孤獨的危害沒有戒心，許多人更將正面性的「獨處」與負面性的「孤獨」混為一談，政府及相關單位也沒有採取任何孤獨對策，於是日本便逐步走向世界首屈一指的「孤獨大國」。

美國加州大學聖地牙哥分校的老年神經精神病學家Dilip Jeste及其研究團隊，針對聖地牙哥居民進行了一份調查分析。結果顯示，在人生中，孤獨感高峰期有三個階段，第一階段是二十代後半，第二階段是五十代中期，第三階段是八十代後半。二十代後半往往會面臨人生重大決斷，很容易拿自己和周圍的人進行比較，然後感到沮喪並對過去感到後悔，是壓力相當大的年齡階段。五十代中期是人生轉折點，會開始感覺到體力衰退，並強烈地意識到死亡。到了八十代後半，不僅要面對自己的各種肉體病痛，還要面臨包括配偶在內的親朋好友離世。

日本內閣府「孤獨與孤立對策擔當室」則於二〇二一年十二月，進行了一項「有關人際關係的基礎調查」。結果顯示，孤獨感最強烈的年齡層，男性是三十代未婚者，其次是五十和六十代未婚者，再次為七十代離婚者；女性同樣是三十代未婚者居首位，其次是五十代離婚者，再次是四十代未婚者。未婚者和離婚者居多，而八十歲以上並已喪偶的孤獨者反倒不多。

再來看看美國凱澤家族基金會（Kaiser Family Foundation，簡稱KFF），與英國《經濟學人》（*The Economist*）雜誌，針對美國、英國、日本所進行的一項孤獨意識調查。此三國調查統計報告於二〇一八年八月發布，內容揭示了日本人對孤獨及其引發的問題，具有獨特的意識和態度。

首先，在回答感到孤獨的人之中，表示自己已經孤獨了十年以上的長期孤獨者占比，日本居首位的三十五％，美國是二十二％，英國為二十％。日本的長期孤獨者之中，自主遁世隱居家中的「繭居族」（家裡蹲）應該不少。

接著，認為孤獨是「自己責任」，亦即個人責任的占比，日本高達四十四％，而美國占比則為二十三％，英國更低，僅占十一％。這表示，多數日本人認為孤獨者是自作自受。這種將任何問題都歸咎於「自己責任論」的道德觀，在日本社會已經根深柢固。「自己責任論」意味因自己的選擇或自己的過失，所引起的一切被害後果，都應當由自己承擔。但在美國和英國，則各有五成和七成以上的人，認為孤獨通常是由自己無法控制的因素或情況所造成。

而且，因孤獨而產生自殘想法的占比，也是日本居首位的三十三％，美國為三十一％，英國為三十％。因孤獨而產生施暴想法的占比，亦是日本居首位的十七％，美國為十五％，英國為九％。雖然日本的犯罪凶殺率僅有〇・二件（每十萬人），遠低於美國的五・三件、法國的一・三件、英國的一・二件，但此數據仍是會令人情不自禁聯想到日本近年來的數起隨機殺人事件。

此外，當被問及與家人和朋友面對面互動的次數時，每週與家人或朋友維持面對面互動的占比，美國和英國大約是五成至七成，但在日本僅有一成至兩成五。儘管數據非常低，但感到孤獨或孤立的人，竟僅占九％，遠不如英國的二十三％，和美國的二十二%。

這份調查再次證明了日本人確實具有極強的孤獨抵抗力。正確說來，應該是被昭和時代的「孤獨是美德」觀念所綁架，因此，大多數人即便感到孤獨，即便孤獨得非常痛苦，也只能強撐著，直至迎來孤獨死的那一天。

其實，日本社會的「孤獨」問題相當複雜，光是長期躲在自己房間裡的「繭居族」，就足夠社會為之奈何了，何況還有孤獨死問題、性別歧視問題、年齡歧視問題等，都是由來已久的社會議題。近年來，「老人歧視」問題特別嚴重，致使孤獨問題也進一步惡化。

日本內閣府於二〇二二年十一月進行了一份問卷調查，據推算，在十五歲至六十四歲的年齡層中，有一百四十六萬人是幾乎足不出戶的「繭居族」，占比是同年齡層的二%。四十至六十四歲中，女性占了五成二，十五至三十九歲中，女性占了四成五。內閣府對「繭居族」的定義是，「幾乎從不離開房間」或「僅為了愛好才外出」的生活型態，持續了六個月以上的人。

人口約有七十萬的東京江戶川區，也於二〇二一年七月，針對十五歲以上，可能是「繭居族」的二十五萬居民（十八萬戶家庭）為對象，進行了首次大規模調查。結果顯示，該區有超過八千名以上的「繭居族」，若包括十四歲以下拒絕上學的兒童，便會超過九千名。其中，占比最多的是四十代和五十代，各為一成七，其次是三十代，占了一成四，再次是二十代，占了一成二。其他年齡層都各占一成左右。女性居多，占了五成一，男性占了四成九。足不出戶狀態長達十年以上的占比，多達兩成五，最多的是三年至五年，占一成六。而且有三成二的人，表示「不需要任何支援，希望保持現狀」。江戶川區長在記者會中坦承，由於只有半數家庭寄回調查表，因此實際人數可能不僅九千，應該更多。

總之，「孤獨」是一種主觀感受，和與他人缺乏互動的客觀狀態「孤立」，概念不同，但其原因往往重疊。獨居、人際關係、身心方面的建康問題、家人離世、轉學、轉行、離職、退休、貧困、遷居、離婚等，只要存在著這些不可避免的風險時，未婚或已婚就不是造成孤獨的根本原因。孤獨的真正原因，是遇到困難時，除了家人之外，沒有其他可以求助的存在。

日本內閣府有一項調查顯示，在日本、美國、德國、瑞典這四個國家中，除了同住的家庭成員外，遇到困難時，可以向朋友和鄰居求助的比率，日本居末位。這完全是「不給他人添麻煩」的教育，以及社會生活潛規則所帶來的是與非。「不給他人添麻煩」的價值觀，雖然可以讓社會整體保有高水準的生活品質，但也會造成人們不敢向他人求助的結果。

在日本，任何政府福利服務或醫院或照護設施，都需要家人代為辦理申請手續，就連住院動手術、租房等，也都需要提供第三者的個人擔保。而隨著單人家庭數量不斷增加，不婚不育潮流也會促使沒有任何親人的「天涯孤獨」者與日俱增，倘若除了家人以外，沒有其他人可以求助的話，陷入孤獨、孤立狀態的人，恐怕也只會有增無減，日本也將無法擺脫「孤獨大國」之稱了。

「一億總中流」社會，會變成「一億總下流」社會嗎？

‧曾經的東洋奇蹟、經濟大國——

日本曾經是「一億總中流」社會，亦即「一億總中產」社會，又稱為「國民總中流」。「中流」意味「中產階級」、「中間階層」。

一九六〇年，日本社會受全世界的反戰思想所影響，為了反對美軍駐守在日本國土的《日美安保條約》，全國各地興起了一場現代日本規模最大的民眾抗議及罷工活動。同年六月，時任的自民黨政府岸信介內閣，因此被迫全體總辭，七月，由池田勇人繼任首相。池田勇人內閣為了緩和國內的政治鬥爭紛亂，欲讓國民的視線從反美運動移至經濟方面，採納了經濟學家下村治的建議，宣布實施「國民所得倍增計畫」，表示將全面提升全日本家庭的生活水準。

「國民所得倍增計畫」實施後，僅四年，日本國民生產毛額（GNP）即增加了一倍，再過三年，國民平均所得果然就達到了倍增目標。雖然日本經濟於一九五五年，便已經步上了高速成長之途，但池田勇人內閣的「國民所得倍增計畫」，與一九六四東京奧運，及其之後的佐藤榮作內閣的「中期經濟計畫」，和一九七〇大阪萬博，以及再之後的田中角榮內閣的「日本列島改造論」，確實讓日本經濟不斷加速成長，甚至被稱為「東洋奇蹟」（Japanese miracle），直至一九七三年為止。一九七四年起，日本經濟才從高速成長期轉而為安定成長期。

一九六六年，日本人口突破了一億，國民生產毛額（GNP）則於一九六八年躍居世界第二位。之前的「三種神器」黑白電視機、冰箱、洗衣機早已普及，取而代之的「新三種神器」彩色電視機、冷氣機、汽車正在普及。而早在一九五八年，在內閣府實施的第一次「國民生活民意調查」中，便有七成的人自認為生活程度在「中上」、「中中」、「中下」以內，貧困階層的「下流」家庭僅占一成七。到了一九七〇年，更有九成的日本人自認為屬於「中流」階層，於是便誕生了「一億總中流」這個詞。

然而，日本內閣府於二〇二二年七月公布的《經濟與財政報告》顯示，一九九四年的日本中間階層家庭，所得中位數為五百零五萬日圓，但二〇一九年竟減少至三百七十四萬日圓。也就是說，近二十五年來，日本的「中流」家庭所得中位數，減少了約一百三十萬日圓。不僅如此，年收入未滿四百萬日圓的家庭戶數，正在增加，同時，年收入高於五百萬日圓的家庭戶數，也正在減少。尤其是戶主正值三十五至五十四歲這個年齡層的家庭，高收入階層正在減少，而低收入階層則正在增加。以下是戶主為壯年及中高齡者家庭的數據。

三十五至四十四歲：一九九四年的中位數為五百六十六萬日圓，二〇一九年的中位數為四百六十四萬日圓。

四十五至五十四歲：一九九四年的中位數為六百九十萬日圓，二〇一九年的中位數為五百一十五萬日圓。

上述金額均為扣掉稅款及各種社會保障費用，再分配後的純收入。要注意的是，家庭成員人數的變化會影響到家庭年收入的數據變化。低收入階層增加的主要原因，是高齡者戶數增加了，單人戶數也大幅增加；其中，六十五歲以上，年收入未滿二百萬日圓的高齡者單人戶，增加數量尤為顯著，因此也就拉高了年收入未滿四百萬日圓的家庭戶數。高收入家庭戶數減少的原因，純粹是少子化問題。

而戶主年齡為三十五歲至五十四歲的家庭，年收入之所以普遍下降，除了單人戶數大幅增加外，另一原因是非正規員工數量也大幅增長，加之，基本工資上調與定期加薪的速度放緩也都有影響。此外，家庭類型的變化，以及家中主要掙錢者的變化等因素，都會影響到家庭收入分布的數據。例如，戶主為五十五歲至六十四歲的單人戶及夫妻兩人家庭，年所得都增加了，這可能和一面領取年金一面繼續工作有關。

《經濟與財政報告》中又提及，過去三十年來，日本的人均實質薪資增長率為一〇三％，簡單說來，就是自一九九一年起，日本的人均實質薪資幾乎毫無變化。三十年前領多少薪資，三十年後一樣領多少薪資。不但薪水沒漲，更因《工作方式改革關聯法》，規定每月加班不得超過四十五小時，導致連想掙多點加班費也無法如願了。報告歸納出，長期以來薪資之所以不漲的原因，主要有以下四項：

一．長期通貨緊縮（商品價值下降）導致企業不敢投資，削弱了企業的盈利能力。

二．企業視薪資為成本，而非對人員的投資，因此沒有將企業淨利分配到員工薪資。（多數企業都將淨利分配給股東，或保留盈餘。）

三・女性與高齡者加入了勞動力市場，導致非正規員工數量比率增高。
四・受退休年齡延長等因素影響，令薪資曲線變得平緩。

光就人均實質薪資增長率來說，比起美國的一四六・七％、英國的一四四・四％、德國的一三三・七％、法國的一二九・六％，日本的一〇三％確實相當低。這表示泡沫經濟崩壞後的日本經濟，始終在原地踏步，而經濟的停滯也反映在薪資上。

於是，媒體紛紛報導，日本不再是曾經的經濟大國，而是已淪為已開發國家平均水準以下的三流國家，不久的將來，甚至可能淪為貧困大國。不少自稱是經濟專家的人，更頻頻在媒體或網路唱衰日本，表示日圓貶值讓日本成為「廉價日本」，總有一天，日本會像北海道二世谷滑雪度假村那般，整個國家都被外資買走，成為半殖民地國家。

・年收入多少才能算是「中流」階層？——

事實真是如此嗎？我們先來看看日本對「中間階層」的定義。多數專家認為，在日本所有家庭收入分布中，位於中位數前後，約占總數六成至七成的家庭，正是所謂的「中間階層」。而一般日本人對「中流生活」所懷的印象，條件大致是：高學歷、已婚、年收入至少在六百萬日圓以上、戶主是正社員、有房、有車、有孩子。這是日本公視NHK、日本厚生勞動省管轄的「勞動政策研究研修機構」，於二〇二二年七月，針對二十代至六十代男女，透過網路共同調查的結果。回答者有五千三百七十人，其中，五成六的人認為自己屬於「中流之下」，也就是「下流」階層。

根據此調查結果，NHK於二〇二二年九月播放了「危機中流」深度報導節目。節目中出現一位A先生，五十五歲，高中畢業後，以正社員身分進入了一家汽車相關企業。當時正值泡沫經濟巔峰，基本工資和一年兩次的獎金，都會逐年持續上漲。A先生於二十一歲結婚，膝下有三個孩子。二十七歲買了一間公寓房，每年都會帶孩子去旅遊。A先生表示，這是當時的「中流生活」，而他也確實感到自己所過的生活方式，正是世人所認為的「中流生活」。

不料，這種生活方式並沒有持續太久。隨著日本經濟跨入低成長時代，A先生的薪資也開始在原地踏步。進公司後一直逐年加薪的基本工資，在近二十年來，僅漲了五萬日圓，績效薪酬也有所下降。過去高達七百萬日圓以上的年收入，現在降為五百萬日圓。子女的大學學貸、房貸、醫療費用，以及一直在加重的稅金和社會保險費，樣樣都是沉重的負擔。派遣員工身分的妻子，年收入約為二百五十萬日圓。夫妻雙薪總收入多達七百五十萬日圓，在旁人眼裡應該算是「中之中」或「中之上」，他們竟然說：「勉強能維持收支平衡。」

A先生原本所認為的「中流生活」，是賣掉公寓房，換一棟有院子的獨棟房「一戶建」，存款很多，五十歲左右便擺脫房貸，每年可以帶全家出門旅遊一趟。也就是說，他現在過的生活，離他心目中的「中流生活」，還差那麼一點距離，畢竟房貸還剩九百萬日圓。夫妻倆一致認為，「雖然不覺得我們的生活很悲慘，但在我們心目中，中流生活應該更高階一些。」

儘管房貸還剩下九百萬日圓，加上三個孩子的學貸，但是，七百五十萬日圓的雙薪家庭，為什麼仍無法擠進「中流」階層呢？那麼，家庭年收入到底要多少，才能算是「中流」階層呢？

A先生表示，五年後，他將退休，退休後仍得每個月支付七萬七千日圓的房貸，何況存款不多，因此極為擔憂夫妻倆的老後生活。為了多存點錢，妻子除了平日的派遣工作外，週末週日還兼職當搬家短工。

在共同調查問卷中，有一項針對正社員的提問，問及他們對目前的生活方式的感想。有一成一的人認為「完全沒有餘裕」，四成一的人認為「算是比較沒有餘裕」，兩者合計超過了半數。依年齡層來看的話，四十代人有五成五，五十代人有五成七，都認為「完全或算是比較沒有餘裕」。

四十代和五十代的人，與「團塊第二代」、「後團塊第二代」重疊。他們多半在年輕時經歷過泡沫經濟的甜頭，之後，又經歷了因經濟停滯導致就業市場不穩定，工資漲幅不如預期等苦頭。加之，孩子的教育費、父母的照顧費，以及自己的老後資金等，所以才會認為自己不屬於「中流」階層吧。

正社員薪資遲遲不漲，其實也證明了日本企業的「年功序列」制度，已經達到了極限。尤其是中小企業，因全球化導致價格競爭加劇，利潤不斷下降，已經無法繼續採用「年功序列」制度，一直庇護員工直至該員工退休。即便可以保障員工的工作崗位，也很難依員工工齡每年給予加薪，或定期發放一年兩次的獎金。有些中小企業寧願僱用廉價的外籍實習生，也不願意增加正社員。大多數中小企業都選擇薪資較低的非正規員工，間接導致家庭年收入降低，甚至導致原本肥大的中間階層因此而收縮。

有趣的是，日本內閣府於二〇二二年十月實施的「國民生活民意調查」，結果顯示，自認為生活程度在「上」的人，僅占一·八%，「中上」占了十三·九%，「中中」占了四十八·九％，「中下」占了二十六·六％，自認為貧困層的「下」，僅占七·二％。顯而易見，日本的總中流化特徵沒有變化。如果和前一年的數據相較，可以發現，「上」、「中上」、「中中」的數量增加了，「中下」和「下」的數量反倒減少了。

換句話說，NHK和「勞動政策研究研修機構」的共同調查結果，說有五成六的人認為自己屬於「中流之下」，這個「中流之下」並非表示貧困層的「下流」。畢竟再怎麼看，年收入七百五十萬日圓的雙薪家庭，不可能是貧困層。調查問卷上的問題是「你們正在過著你們心目中的中流生活嗎？」這道問題有陷阱，畢竟所有人都想過著比目前更好一些的生活，何況「心目中的中流生活」，因人而異，才會出現了五成六的人勾選「中流之下」的結果。

近年來，日本主流媒體經常發表「貧困人口大增」或「貧富差距擴大」等報導文章，但實際上，自認為「中下」和「下」的人，正在逐年減少。不單是內閣府的民意調查結果如此，其他有權威性的各種民間調查結果，也都顯示，差距擴大是事實，但並非貧困層增加了，而是中產階級的富裕層「中上」，和超級富裕層的「上」，正在逐年擴大。而「中流」階層正在收縮也是事實，因為青壯年和中年層的人口減少了。

・各國的「中流意識」——

其實，比起其他亞太區諸國，日本並非中流意識最強的國家。根據日本「統計數理研究所」（大學共同利用機關法人信息系統研究機構）的調查，新加坡的中流意識最強，有九成六的公民認為自己是「中流」，其中，「中中」占了六十八・五％。以下數據包括了「中上」、「中中」、「中下」，調查期間為二〇一〇年至二〇一三年，對象為十八歲以上的成人男女，各國各約一千名，調查方式為面談。

- 新加坡：九十六・一％。
- 越南：九十六・一％。
- 澳大利亞：九十四・五％。
- 台灣：九十三・八％。
- 日本：九十三・二％。
- 韓國：九十・四％。
- 上海：八十九％。
- 北京：八十八・六％。

• 美國：八十八·四%。
• 香港：八十六·九%。
• 印度：八十一%。

日本在這時期的中流意識占比是九十三·二%，確實比二〇二二年的八十九·四%還要強。

在前述十一個國家中，印度的「上流」占比最高，有十·一%。這是因為印度的社會體系是種姓制度，雖然印度於獨立後廢除了種姓制度，但現實生活中的社會階級分化仍根深柢固，因此印度的一成多「上流」階層，很有可能不等於超級富裕層，而是婆羅門和剎帝利等級的人。比如廚師，在印度只有第一等級的婆羅門才有資格擔任，印度人禁止吃食下層種姓的人做的東西。廚師不太有可能成為超級富裕層。以下是超級富裕層的「上流」占比排行順序。

• 印度：十·一%。
• 北京：二·五%。
• 香港：一·八%。

- 越南：一・七%。
- 澳大利亞：一・六%。
- 上海：一・五%。
- 美國：一・五%。
- 新加坡：一%。
- 台灣：〇・九%。
- 韓國：〇・四%。
- 日本：〇・一%。

最後來看看貧困層「下」的占比排行。

- 香港：十・四%。
- 美國：九・五%。
- 韓國：九%。
- 印度：八・七%。
- 北京：八・四%。

- 上海：七・七％。
- 日本：五・九％。
- 台灣：三・五％。
- 澳大利亞：三・四％。
- 新加坡：二・八％。
- 越南：二・二％。

或許有人會感到奇怪，為何越南的貧困層占比如此少？越南不是著名的貧窮國家之一嗎？因為越南的「中中」、「中下」，或許正是富裕國家的「下」。左鄰右舍的生活水準都差不多，要窮大家一起窮的話，就會形成大家都是「中流意識」的現象。

從「格差社會」升級至「日本式階級社會」

・日本式階級社會——

專攻社會階層論、階級論的日本社會學家，亦是早稻田大學人類科學學術院教授橋本健二，依據各種官方或民間資料庫數據，聲稱日本正在形成一個新階級社會。

據說，與世界上其他國家相較，日本原為階級意識相當淡薄的國家，但在戰後經濟奇蹟期間，隨著經濟發展，民眾逐漸增強了「一億總中流」的認知。起因是日本內閣府於一九六七年發行的《國民生活白皮書》，書中有一項「階層歸屬意識」項目，讓人們從「上」、「中上」、「中中」、「中下」、「下」五個選項中，選擇自己的生活水準。結果，當時有八成九的人選擇了「中上、中中、中下」，於是不但誕生了「一億總中流」這個詞，也讓大部分日本人認為自己屬於「中流」階級。

但為什麼單就「中」這道項目，有三個選項呢？這是不是一種誘導性問題呢？畢竟一般人往往認為自己屬於「普通」、「正常」、「平均」，也不會與收入和社會地位不同的人有所互動，因此通常會認為自己屬於「中間」這個等級。若沒有和真正的「上」或「下」做比較，一般人其實很難判斷出自己到底屬於哪個等級。於是橋本健二教授斷言道：「一億總中流是昭和時代的幻想。」

所謂階級，是指職業屬性、經濟收入、生活水準、生活方式、價值觀念相近的社會群體。當各個階級之間的差距過大，而且這些差距具有重大意義時，該社會便會形成階級社會。橋本健二教授指稱，當今的日本社會，愈來愈凸顯出階級社會的特徵，而且，日本的階級社會結構，與傳統的階級社會理論或學說的設想迥然不同。

橋本健二教授強調，雖然媒體和網路都在廣泛流傳「格差社會」這個詞，大眾也接受了各種「格差」的存在，但日本社會已經無法用「格差社會」這個詞來涵蓋了，當今的日本人，正在見證一個日本式階級社會的形成。今後，這種日本式階級很有可能會逐漸固定化，如果日本人想追求平等社會，就應該趁早採取一些行動，否則待階級社會固定化後，恐怕將後悔莫及。

日文的「格差」意味差距、落差，在日本，普遍表示社會階級分化或僵化的現象。其實「格差」早就存在，例如家庭格差、雙親格差、教育格差、職業格差、經濟格差、地域格差（城鄉差距）、消費格差、體驗格差、男女格差、戀愛格差等。各式各樣的格差，存在歸存在，但不顯眼，也不切身。新冠疫情爆發之後，為了避免群聚，各方面採取了各種運行方式與對策，於是，社會型態逐漸變了樣，各式各樣的「格差」也隨之彰顯了出來。整整三年的「自肅」要求，令所有人都感到喘不過氣來，整個社會瀰漫著陰鬱空氣。橋本健二教授認為，日本已經無法用「格差社會」來形容了，而是已經轉變為比「格差社會」更為嚴重的「階級社會」。

・可以接受「格差社會」嗎？——

「格差社會」一詞，於二〇〇六年被列入流行語大獎排行榜前十名中，但早在一九八八年十一月，便出現在《朝日新聞》的社論文章中，自此之後，媒體即爭相濫用此詞。「格差社會」之前的社會正是「一億總中流」時代。

一九七〇年代，日本是個「一億總中流」社會。當時，歐洲是不平等階級社會，美國不時爆發人種與民族問題，蘇聯等共產主義國家則表面倡導完全平等，實際上理想和現實偏差頗大。與各國的社會局勢相較，日本確實是個差距極為微小、社會極為安定的國家。但在一九八八年公布的《國民生活白皮書》中，日本內閣府首次承認了差距現象正在不斷擴大的事實。白皮書公布後第二天，《朝日新聞》即針對此問題，發表了一篇標題為〈可以接受『格差社會』嗎？〉的社論。

「格差」和「社會」都是極其普通的用詞，但將這兩個詞結合成「格差社會」，則為特意創造的新詞。雖然以往也有人不經意使用過該詞，但《朝日新聞》的這篇社論，可能是第一個有意識地使用該詞的例子。只是，文章內容寫的是「新階級社會」，而非「格差社會」。

橋本健二教授表示，一九八八年是泡沫經濟正式開幕之年，這一年，國民所得和個人金融資產已經明確出現了差距，尤其隨著地價上漲，益發拉開了土地和住宅資產的差距。但是，當時的大眾雖然感覺到所得及收入有差距，卻認為「根據個人的選擇和努力，生活中存在差距是很自然的」，視差距問題為理所當然。這種觀念正是近年來在日本社會無所不在的「自己責任論」道德觀。

日本內閣府於一九八八年公布的《國民生活白皮書》，肯定了當時的日本大眾對

「格差」的看法，認為這種「格差的原因在於個人的選擇和努力」意識，是一種「成熟」觀念。翌日，《朝日新聞》發表的〈可以接受『格差社會』嗎？〉社論，就是在跟內閣府與日本大眾的「自己責任論」唱反調。

〈可以接受『格差社會』嗎？〉這篇社論，主張在現實社會中，人們不是處在公平的條件之下，個人的努力並不一定可以得到回報。地價和股價的暴漲，打破了社會公平性，由此產生的資產差距，將透過財產繼承傳給下一代。這是不是可以視為，在日本的現實生活中，「新階級社會」正在形成的徵兆呢？

社論中雖然用了「新階級社會」這個詞，但可能考慮到這個詞過於刺激，於是便將標題改為「格差社會」。其實當時不僅《朝日新聞》，某些國際資訊雜誌也發表了有關差距擴大問題的文章，例如，〈政界財界橫行的『世襲』制度，是造就『新階級社會』的罪魁禍首〉（《SAPIO》一九八九年八月十日號）、〈消費稅癌細胞論：最大的問題是會成為『新階級社會』的導火線〉（《SAPIO》一九八九年九月十四日號）等。無奈，時代正迎來「日本第一」的泡沫經濟時代，全國上下都在泡沫上高歌歡唱，於是這類警示文章也就逐漸煙消雲散。

取而代之的，是描述歐美上層階級、中產階級的生活方式的文章，這類文章如雨後春筍，不斷湧現，並積極誘引日本讀者效法他們。尤其是女性時尚雜誌，不時刊登「英國上流階級」、「美國上流階級」、「義大利上流階級」、「名門閨秀」如何如何的文章。這時期的「階級」一詞用法，是「高級」、「優雅」之意。除了介紹海外的高級酒店和餐廳，例如世界各地的富豪和王族聚集的巴哈馬度假酒店，或是可供出租的加勒比海別墅等文章，教導讀者如何預約的文章也極多。

可以想見，當時在泡沫經濟的背景下，不僅是日本的富裕層，就連一般市井小民也都在盡情忘我地消費。即便股價下跌了之後，大眾的消費餘韻仍然持續了一陣子。也是在這個時期，多虧雜誌大量介紹，讓不少日本人獲得了歐美上流階級的生活方式與品味相關知識，並認為上流階級的生活方式並非可望而不可即。

三十五年過後的今日，「格差」問題已經成為現代日本社會最重要的政治議題之一。女性時尚雜誌則接連不斷刊登「七〇代女性、獨居、年金月收入五萬日圓、團地的幸福生活」之類的文章，大力鼓吹「清貧生活」。就連YouTube上，也有不少以「六十代、未亡人、獨居、年金X萬」為號召，粉絲群數萬至數十萬的YouTuber，上傳自己的「清貧但幸福」的日常生活影片。「團地」是往昔大量興建的廉價密集公寓大樓，現在多數已成為高齡獨居者或外籍勞工的居住區。換句話說，無論出版社或YouTuber，都在消費「貧婦」、「未亡人」身分，都在強調「即便窮，也不慘」的生活方式。

其實，六十代、七十代的日本女性，都是經歷過泡沫經濟洗禮的年齡層，她們知道歐美上流階級的生活方式，也知道怎麼吃、怎麼穿才有品味。只是她們已經走出了「炫富」時代，她們也很清楚現代日本正處於「炫貧」、「炫儉」時代。年金月收入五萬日圓的七十代女性，或許稿費及版稅收入多得讓人目瞪口呆；六十代的獨居未亡人YouTuber，或許頻道收入多得讓人瞠目結舌。這點，當事人知，讀者及觀眾也知，彼此不戳穿而已，大家都在享受「炫貧」、「炫儉」之樂。

・當前的日本階級社會分類——

話說回來，橋本健二教授將當前的日本社會階級分為五類：資本家階級、新中產階級、正規勞動者階級、舊中產階級、底層階級（兼職家庭主婦以外的非正規勞動者）。

資本家階級不但包括了大企業老闆和經營者，還包括了擁有五名或更多員工的小企業經營者，共有二百五十四萬人，占勞動人口的四・一%。大部分是小企業，員工數五至九名的占了四成二，員工數十至二十九名的占了三成二，員工數三十名至二百九十九名的占了兩成二，員工數三百名以上的大企業僅占四％。經營者四人中有三人是男性。每週平均工作時間最長，男性為四十九小時，女性為三十七．四小時。個人平均年收入為六百零四萬日圓，家庭平均年收入為一千零六十萬日圓，總資產為四千八百六十三萬日圓，其中，金融資產為二千三百一十二萬日圓。貧困率為四．二％。

就資本家階級的一般形象來看，個人平均年收入實在低得令人難以置信。原因有二，一是小型企業占多數，若是員工三十名以上的企業，個人平均年收入會升至八百六十一萬日圓，家庭平均年收入也會升至一千二百四十四萬日圓。另一個原因是包括了多數低收入女性。女性資本家階級的個人平均年收入，僅有二百九十六萬日圓，她們的丈夫大多也是資本家階級。換句話說，在家族經營的中小企業中，通常是丈夫帶頭經營，妻子雖然位居高階主管，卻薪水微薄。不過，不愧是資本家階級，平均總資產非常多，總資產多達一億日圓以上的占了一成六，股票、債券持有率為四成一。此外，他們還擁有許多普及率較低的高額物品，例如鋼琴、洗碗機、高爾夫球等體育俱樂部會員卡，以及藝術品和古董。

綜上所述，資本家階級的特徵，是收入和資產都很高，經濟富裕，生活安逸，將近半數的人支持自民黨，政治上偏向保守派。有六成八的人認為自己很幸福。

新中產階級以高學歷白領和技師為中心，有一千二百八十五萬人，占勞動人口的二十·六%。與正規勞動者階級或底層階級相較，在員工二十九人以下的小企業工作的比率較低，僅占一成六，在行政機關或公共團體機關工作的比率較高，占了兩成多。男性每週平均工作時間為四十五·八小時，女性為三十九·三小時，似乎沒有一般人想像的那麼長。個人平均年收入為四百九十九萬日圓，家庭平均年收入為七百九十八萬日圓，平均總資產為二千三百五十三萬日圓，其中約六成是住居的房地產。沒有房子的人，平均總資產為九百三十五萬日圓。貧困率為二·六%，比資本家階級還要低。

他們擁有的高額物品數量僅次於資本家階級，例如鋼琴和洗碗機的擁有率，與資本家階級差距非常小。但是，電腦、平板電腦、高速網路環境等資訊相關設備的擁有率居首位，甚至超過了資本家階級。學歷非常高，六成以上受過高等教育。

因此，新中產階級的特徵，是教育程度高、精通資訊科技、收入可觀、生活富裕。比起資本家階級以外的其他階級，生活水準顯然是最高的，在當前的貧富差距結構中，是一群既得利益者，但在政治上不一定是保守派，僅有兩成七的人支持自民黨。有六成四的人認為自己很幸福。

正規勞動者階級有二千一百九十二萬人，他們從事技能要求不高的工作，占勞動人口的三十五·一%，是五個階級中最大的群體。所屬企業規模從小企業到大企業都有，分布均勻。個人平均年收入為三百七十萬日圓，平均總資產為一千四百二十八萬日圓。大部分資產是住房等房地產，這點和新中產階級類似，沒有房子的人，平均總資產為四百零六萬日圓。男性每週平均工作時間為四十六．七小時，甚至有兩成以上的人每週工作五十小時以上，女性則為四十一．四小時。由此可見，男性正規勞動者階級的加班時間，比新中產階級的男性要多。

男女收入差距極大，男性收入為四百二十一萬日圓，女性收入僅為二百九十三萬日圓。不過，家庭平均年收入卻是女多男少，男性的家庭平均年收入為五百九十六萬日圓，女性為六百八十七萬日圓。這是因為大部分的女性正規職員，都是雙薪家庭，如果只看已婚女性，她們的家庭平均收入甚至更高，有七百六十三萬日圓。已婚男性的家庭平均年收入則為六百二十九萬日圓。值得注意的是，無論個人平均年收入或家庭平均年收入，都超過了舊中產階級，因此，貧困率不高，僅有七%。

高額物品的擁有率普遍較低，尤其是鋼琴和高速網路環境，與新中產階級的差距特別大。支持自民黨的人僅占兩成四，但不代表他們支持在野黨，許多人都不支持任何政黨。如此，人數最多的正規勞動者階級，本來應該是資本主義社會的下層階級，但因為可以確保一定的收入和生活水準，大體上都滿足於自己的生活方式。有五成三的人認為自己很幸福。

舊中產階級主要由自營業主、自耕農和其家庭成員工人組成，有八百零六萬人，占勞動人口的十二．九％。他們既是經營者階級，亦是在現場工作的工人。個人平均年收入為三百零三萬日圓，但因為雙職工家庭較多，家庭平均年收入為五百八十七萬日圓，平均總資產為二千九百一十七萬日圓。此階級的男女收入差距極大，男性平均收入為三百八十四萬日圓，女性平均收入僅有一百七十四萬日圓。這與資本家階級的女性類似，已婚的舊中產階級女性中，有四．七％完全沒有收入，即使有收入，也有三成五的人收入不足一百萬日圓。家庭平均年收入與正規勞動者階級很接近，但因為內部差距大，貧困率也就比較高，為十七．二％。

高額物品的擁有率雖然不高，但高爾夫球等體育俱樂部會員卡，以及藝術品和古董的擁有率，僅次於資本家階級。畢竟是經營者，與資本家階級有一脈相承的感覺。此階級應該是傳統的「中間階級」，但近年來收入水準有所下降，低於正規勞動者階級，與包括底層階級的勞動者階級持平。因此也可以說，傳統的「中間階級」的舊中產階級，正在往下掉，愈來愈接近底層階級。

自民黨支持率高達三成六，在政治上屬於保守派。這是因為舊中產階級和資本家階級，歷來都是自民黨的支柱，他們在一九六五年至一九八五年之間，有六成以上的人支持自民黨，近年來支持率卻大幅下降，可能與收入水準下降有關。但仍有五成三的人認為自己很幸福。

最悲慘的是底層階級，有九百二十九萬人，比舊中產階級還要多，占勞動人口的十四．九％，目前已經成為資本主義社會的主要元素之一。底層階級的人數在二〇〇二年時，是六百九十一萬人，到了二〇〇七年，增至八百四十七萬人，是五個階級中唯一持續急劇增長的階級。也是唯一女多於男的階級，女性比率為五成五。

．底層階級與排外主義——

底層階級是新出現的階級，職業是兼職工、時薪工、派遣員工等，是工作崗位不穩定的非正規勞動者（十二．六％的兼職家庭主婦除外）。由於是非正規員工，薪水遠低於一般正規勞動者，因此不僅日常生活困難，連結婚成家也成為一種奢望，更遑論生兒育女。倘若勞動者階級是資本主義社會的下層階級，這些非正規勞動者便是「階級以下」的存在，亦即所謂的「Underclass」，底層階級。

按職別來看，男性將近六成是體力勞動，其餘大部分從事服務業和銷售業。女性則為事務員、銷售、服務和體力工作，各占四分之一。個人平均年收入為一百八十六萬日圓，家庭平均年收入也僅有三百四十三萬日圓，貧困率高達三十八．七％。特別是女性，貧困率高達四十七．五％，若挑出與丈夫離婚或死別的女性，貧困率則上升至六十三．二％。平均總資產為一千一百一十九萬日圓，但這主要是擁有住房所致，沒有房子的人只有三百一十五萬日圓。完全沒有資產的人占了三成二，高額物品的擁有率也都很低。

最顯著的特徵是已婚男性非常少，男性中，未婚者占了六成六，女性則是喪偶或離婚例子非常多。由此可見，對底層階級的男性來說，結婚成家是個難以實現的夢想。而女性這一方，由於不包括兼職家庭主婦，因此全體都是沒有配偶的單身者。其中，離婚及喪偶例子會隨著年齡增長而增加，二十代女性占了一成二，三十代女性則占了三成八，四十代女性更會增至六成，五十代女性則有八成都是離婚者或未亡人。也就是說，儘管有不少終生未婚的女性一直待在底層階級，但從數據明顯可以看出，已婚女性都是基於離婚或喪偶而跌進底層階級。儘管如此，女性中仍有四成五的人認為自己很幸福，而男性中則僅有三成的人認為自己很幸福。

自民黨支持率是一成五，六成八的人沒有想支持的政黨，但有一成七的人支持在野黨。意思是，在五個階級中，底層階級對自民黨的反感最強烈。而根據二〇一六年首都圈的調查結果，底層階級有一成二的人，是中途退學或休學、輟學。若單看男性，則有一成四沒有畢業於最終學歷的學校。這點似乎和校園霸凌問題有關。底層階級有三成二的人經歷過校園霸凌，比起未滿一成的資本家階級，以及未滿一成五的其他階級，顯然因校園霸凌，或非疾病的其他理由而拒絕上學的經驗，跟他們淪落為底層階級的原因有關。

令人驚訝的是，男性體格也因階級不同而存在著差距。資本家階級男性的身高最高，其次是新中產階級和正規勞動者階級，底層階級男性的身高最矮。資本家階級男性和底層階級男性的身高差距是三・八公分。體重也是，資本家階級男性最重，其次是新中產階級和正規勞動者階級，底層階級男性的體重最輕。資本家階級男性和底層階級男性的體重差距是七・一公斤。不僅如此，無論男女，底層階級有兩成的人，接受過憂鬱症或其他精神疾病的診斷和治療。其中，二十代最多，占了三成一，最少的五十代也占了一成三。此外，對前途懷有強烈焦慮感的人，占了過半數的五成多。

值得注目的是，父親的所屬階級與子女的學業成績和學校體驗（霸凌、逃學）密切相關，換句話說，所屬階級具有自父母傳給孩子的世襲性質，而且會固定化。例如，幼年期家裡有沒有書籍，平時家裡有沒有人定期看報紙雜誌，與孩子成長後的閱讀習慣有關；或透過學習課程、社團活動等，有無與文化和體育接觸的機會，都對培養子女的想像力和好奇心，以及子女成人之後的生活有深遠影響。

另一點，資本家階級和新中產階級，支持所得再分配的人，沒有排外主義傾向，唯獨在底層階級中，支持所得再分配並要求糾正差距的人，排外主義相當強烈。這是個極其危險的徵兆。換句話說，本來應該與其他弱勢群體聯手要求所得再分配或糾正差距的階級，不但極為排外，拒絕外籍勞工或移民，並公然表現出對某些國家的憎惡。

橋本健二教授分析，這是因為底層階級缺乏社會資本，沒有與他人相互團結的機會及經驗。工作崗位不穩定的話，確實無法累積社會人脈關係，而且無論在生理上或心理上，他們彼此都扛著相似的問題。最重要的是，他們對社會的不滿和糾正差距的要求，很容易與排外主義聯繫一起。橋本健二教授也指出，底層階級中有法西斯主義萌芽的跡象。

事實上，日本的底層階級目前面臨的最大問題，應該是大量湧入的外勞。以往，底層階級的工作場所，通常是長時間營業的餐飲業和便利商店、提供價廉物美日用品的廉價商店、隨時隨地送貨上門的流通機構，或讓辦公樓和購物中心維持著乾淨舒適環境的清潔工作，這些低薪、非技術性的單純勞動，現在已經逐漸被外勞給取代了。倘若底層階級和排外主義連結一起，往後，就如同因出現了底層階級，導致勞動者階級被分化那般，日本的底層階級，也很可能會因國籍問題而分裂為兩大群體。

總之，由於日本的底層階級與其他四個階級之間的差距太大，他們無法自力翻身，政府若不積極出面處理此問題，他們將會繼續遭受苦難，也將會為了解脫，而繼續在內部孕育著法西斯主義。

現代日本年輕人

恨不得祖父母那一代人早日離世

近年來，日本媒體以及各種社群網站，經常出現有關年輕人和高齡者之間的差距話題。例如，高齡者有資產，年輕人沒有資產；在昭和時代與平成時代退休的高齡者，可以領取豐厚年金，但未來預計在令和時代退休的現役世代，很有可能領不到年金，云云。網路上常見年輕人對高齡者的謾罵或憎惡留言，因為現代日本年輕人認為，日本經濟之所以會一蹶不振，日本這個國家之所以會成為「廉價日本」，三十年來薪資之所以會一直不漲，年輕人之所以無法結婚成家……這一切，原因都出自祖父母那一代人的「老害」。

所謂「老害」（ろうがい／rougai），本來意指企業或政黨等組織中心人物，到了七老八老的年紀，依然不肯下台，仍繼續掌握實權，蹲坐在上頭，導致組織無法新陳代謝，下一代人也無法爬上去的狀態。現在則引申為在社會上做出各種令人感到頭痛或困擾的行為，以及對社會毫無貢獻，卻又占用社會資源的所有高齡者。雖然「老害」這個詞是一種年齡歧視，卻也凸顯出日本社會深刻的世代代溝問題。最近又出現了「軟性老害」（ソフト老害／sofuto rougai）和「年輕老害」（若き老害／wakaki rougai）這兩個詞，意思是明明不老，仍處於三十代或四十代，卻在不知不覺中擠壓了年輕一代，讓年輕一代失去了發言或發揮才能的機會。

・孫子世代正在掠奪祖父母世代的資產——

當今的日本，高齡者很容易成為犯罪行為（主要是電信詐騙）的獵物。對日本的犯罪分子來說，日本的高齡者是最容易被騙取現金的世代。典型例子是「我啦我啦詐騙」（オレオレ詐欺／oreore sagi），假冒被害者的兒子或孫子，編了一篇兒子或孫子面臨苦境的故事，再讓被害者付出一筆現金或到銀行匯款。最近的電信詐騙例子通常是劇場型犯罪，話筒彼方不但會出現醫生角色，還會出現警察角色。

日本警察廳公布，二〇二二年的電信詐騙案件，比前一年增加了三千多件，總計一萬七千多，被害金額高達三百七十．八億日圓。其中，被害者是六十五歲以上的高齡者案件，多達一萬五千多件，占全體的八十六．六％。男性占了二十．四％，女性占了六十六．二％。六十五至六十九歲的女性被害比率，不算高，都壓在五％左右，犧牲者大多是七十歲以上的女性。被害地區集中在大都市圈，依次為東京都、神奈川縣、大阪府、千葉縣、埼玉縣。

電信詐騙案件的第一線實行犯，也就是出現在被害者面前或附近，負責領取現金或監視被害者行動的兇嫌，往往是十代或二十代的青少年，占被捕總人數的七成八。領導或主犯級別的兇嫌，通常抓不到。從年齡來看，是不是明顯成為孫子世代詐騙祖父母世代的構圖呢？祖父母世代成為孫子世代的犯罪目標構圖，不僅限於電信詐騙案件，同樣適用於盜竊、恐嚇、搶劫、傷害等案件。也就是說，日本的孫子世代正在掠奪祖父母世代的資產。

而每當媒體報導出類似案件時，網路上的反應多是「自作自受」。看到受害金額高達數千萬日圓，而且是現金時，反應最多的是，「明明只是個七、八十多歲的老婦人，為什麼家中有那麼多現金？」

這也難怪，一般說來，七、八十多歲的日本老婦人，不大可能靠自己的能力擁有數千萬日圓的存款，應該多是丈夫的遺產。有些受害例子不但是現金，而且放在家中，實在會令人心起疑念：為什麼不把錢存在銀行，而要放在家中呢？為什麼聽不出兒子或孫子的聲音呢？難道兒子或孫子平常都不跟老母或祖母互動嗎？

話說回來，為什麼會出現孫子世代掠奪祖父母世代資產的現象呢？背景正是世代貧富差距問題。

日本的祖父母世代，是在「日本第一」時代中積存了資產的世代，但孫子世代則是在「失落的三十年」時代中出生長大。這兩個世代之間的貧富差距，正是引發社會問題的契機。事實上，目前的日本高齡者世代中，有一部分是在泡沫經濟期間累積了資產，並在泡沫經濟崩潰後僥倖逃過一劫的人。一九九〇年代，泡沫經濟崩潰後，許多企業和倖存下來的現役幹部，理應為未來著想而建立新體制才對。例如考慮到十年、二十年後的社會，他們應該裁掉某些高薪但生產力低的老員工，並積極僱用有潛力的年輕員工。畢竟優秀的年輕員工才是企業的資產。

然而，現實中的企業應對方策正好相反。企業優先保護的是現有老員工，不但削減了新員工的招聘數量，更大量任用隨時可以解僱的非正規員工。當時的企業現役幹部，關心的是自己的既得利益，比起社會或企業的未來，他們考慮到的是該如何撐過退休前這十年，以免影響到十年後的退休金及年金金額。結果，無能的老員工持續領取高薪，並持續累積資產，然後圓滿地迎來退休那一天。

與此同時，他們的子女那一代，也就是當時的年輕人那一代，不但失去了獲得全職工作的機會，也失去了逐年調薪和逐年提高技能的機會。而當時的現役幹部及老員工，正是現在七、八十多歲的祖父母世代；這個世代的人，飽嘗了泡沫經濟的甜頭，卻讓年輕世代去承擔泡沫經濟崩潰後的惡果，導致下一代人一無所有。正是這些因素造就了多數經濟富裕的祖父母世代階層。

日本總務省公布的《二〇二二年家計調查報告》指出，戶主年齡為七十歲以上、家庭成員是兩人以上的家庭，平均存款是二千四百一十一萬日圓，平均負債金額是九十萬日圓，負債比率僅為一成二。存款扣掉負債的話，平均純存款是二千三百二十一萬日圓。其中，四千萬日圓以上的占了一成八，約有三十三萬五千戶，三千至四千萬日圓的占了一成，兩千至三千萬日圓的占了一成四，一千至兩千萬日圓的占了兩成二，五百至一千萬日圓的占了一成五，未滿五百萬日圓的占了兩成六。光看數字即可知祖父母輩這個世代，確實有錢。

但他們的子女世代，也就是戶主年齡為四十至四十九歲，家庭成員是兩人以上的家庭，平均存款是一千零七十五萬日圓；其中，有六成六的人身上扛著債務，平均負債金額為一千八百五十五萬日圓，明顯負債金額比存款要多。

四十代人在社會中算是最活躍，卻也是最花錢的世代。他們除了需支付房貸，如果子女上了高中或大學，私立高中三年平均花費三百萬日圓，私立大學四年平均花費五百萬日圓。即便有一千萬日圓存款，只要稍微出點事，辛辛苦苦存下的積蓄，會在轉眼間就化為烏有，而且負債不會消失，因此應該有不少人是勉強在過日子。

祖父母世代靠著累積的資產過著舒適生活，但在社會中發揮核心作用，負責眾多社會保障支出的四十代人，卻面臨著經濟困難。世代之間的「格差」，指的正是這種世代貧富差距。

・孫子世代照顧祖父母世代的「老孫介護」——

另一個與祖父母世代、孫子世代有關的問題，是「未成年照顧者」（Young carer）。未成年照顧者的定義因國家而異，基本上指未滿十八歲，在家中承擔照顧患者工作的兒童或少年少女。而十八歲以上至四十歲以下的照顧者，在日本稱為「若者ケアラー」（わか

ものケアラー／年輕照顧者）。日本護理界自一九九〇年代後半起，又在「年輕照顧者」例子中，針對孫子世代照顧失智或失能的祖父母世代的例子，另取名為「老孫介護」（ろうそんかいご／老孫照顧）。

在日本，高齡者照顧高齡者的「老老介護」（ろうろうかいご／老老照顧），以及「認知症」（にんちしょう／失智症）照顧「認知症」的「認認介護」（にんにんかいご／失智者照顧失智者）例子，近年來已經習以為常，最近備受關注的例子，則為孫子世代照顧祖父母世代的「老孫介護」。之前，一般認為，比起被照顧者的中年子女世代，年輕一代的孫子世代與祖父母世代之間，負面感情的羈絆較少，應該比自己的父母更能冷靜地接受祖父母的衰老現實，因此，或許可以更積極地參與長照問題。

然而，二〇一九年十月，兵庫縣神戶市發生了一起孫女殺害祖母的案件，震驚了全日本。當時二十一歲，職業是幼稚園老師的孫女，與九十歲、介護度四（日本介護保險制度的護理要求評估等級）的祖母同居。案發當天清晨五點半，還在睡夢中的孫女被祖母喚醒，在護理祖母時，因受不了祖母不停斥責，將手中的毛巾塞進祖母口中，數分後，祖母窒息死亡。

案發當時，一般民眾看到這則新聞報導後，幾乎沒有人將之放在心上，多數人都認為「又是一起長照殺人案」，僅此而已，事過即忘。但是，一年後的九月，神戶地方法院對這名被指控謀殺罪的孫女，下了有期徒刑三年，緩刑五年執行的判決。接著，法院的審判過程以及案件詳情，逐漸被報導了出來，這才引起一般民眾的關注及大量的網路輿論。方便起見，在下文中稱這名孫女為A女。

A女的父母在A女三歲時便離了婚，A女在單親家庭的母子家庭中長大，但在她小學一年級時，母親因腦溢血而離世。之後，A女被送到育幼院，不久由祖母領養了出來。祖母幫她支付了學費和生活費，還買了一架鋼琴給她。可是，這位祖母脾氣極為暴躁，經常口出惡言，指責A女「是一個負債累累的母親所生的孩子」，甚至否認A女活在這世上的意義，十足是一種精神虐待。A女升上國中後，精神失衡，開始服用大量安眠藥，多次被救護車帶走。醫生建議A女，最好不要和祖母住在一起，於是她搬到了姑媽家。

之後，A女的精神狀態穩定了下來，繼續就讀兩年制短期大學，畢業後決定在某幼稚園當老師。就在即將畢業的這一年的二月，祖母在自家前的斜坡摔倒，住院後被診斷患上了失智症，不但無法自力排泄，也無法自理日常生活，被評估為「介護度四」。日本介護保險的最高等級是臥床不起的「介護度五」。

這位祖母有三個孩子，一是A女的父親，一是A女的伯父，另一是A女的姑媽。

三個孩子都住在祖母家附近。A女的父親患有手腳會發麻的疾病，伯父經營一家清潔公司，非常忙碌，姑媽家則有年幼小孩。姑媽對A女說：「妳的學費是祖母出的，由妳照顧她理所當然。」於是，A女在擔任了幼稚園老師一個月後，久違七年再度搬到祖母家與祖母同住。

據說A女幾乎是獨自一人在照顧祖母。首要問題是，祖母患有失智症。護理工作一般都是很辛苦的體力勞動，其中，照顧失智症患者更是辛苦。因為照護者和被照顧者之間，很難溝通。另一個問題是，A女剛出社會，而且幼稚園老師的工作極為繁重，尤其是初任者，缺乏現場經驗，很容易積累疲勞和壓力。回到家中後，還要照顧一名失智老人，不難想像，A女的辛勞非同小可。即便A女向高中時代的親密同學吐露，她在照顧祖母，並負責支付所有尿布費和伙食費時，該同學也不以為意。在職場也因為是新手，經常遭上司和同事訓斥，對同事提及照顧祖母一事時，也得不到任何同情或關懷。

祖母平日白天會到日照中心讓人照顧，夜間和週末週日則待在家裡。A女每天下班回家後，不但要給祖母餵食晚飯，還要每隔一兩個小時帶祖母上一次廁所，如廁後，再幫她洗澡。深夜更要陪祖母出門散步，每天只能睡兩個小時左右。到了第三個月，由於過度疲勞和壓力，A女的腎臟出了問題，患上嚴重貧血，還有輕度憂鬱症，醫生建議她暫時停職或乾脆辭職。

A女和祖母同住了兩星期後，便意識到自己已經達到了極限。她向父親和姑媽訴說，可能無法繼續照顧祖母。但A女和親屬之間的關係很特殊。據說她從中學至短大時代，住在姑媽家時，為了照顧姑媽家的孩子，不但未經許可不能外出，還經常在學校早退或向學校請假。

根據檢察官在審判中宣讀的供述調查書顯示，伯父對A女的評價是：「她是個聰明善良的孩子，是我們兄妹將母親的護理工作全推給她做，我不希望她被判重刑。」然而，在A女向父親和姑媽訴說「無法繼續照顧下去」時，父親和姑媽不但不理會，姑媽還禁止A女與照顧管理專員（Care Manager）接觸。無法與照管專員接觸，表示照顧者無法得到任何建議與社資幫助。A女的父親和姑媽只會說：「妳負責照顧。」

如此過了五個月。案發當天，天色陰沉。凌晨五點半，A女被睡在一旁的祖母叫醒，祖母說「出汗了」。A女用毛巾擦拭祖母的身體，祖母怒斥：「妳怎麼這樣對待父母？」祖母似乎誤把孫女當做女兒了。A女用熱水焐熱了毛巾，再度擦拭祖母的身體。祖母這次卻斥罵道：「因為有妳在，我活得很不開心。」

A女試圖安撫祖母，一直向祖母說「對不起，對不起」。但祖母的怒罵聲不絕於耳。當A女回過神來時，才發覺，她將祖母按倒在床上，並用手中那條印有史努比和粉紅心形圖案的毛巾，塞進祖母口中，嘴裡則喃喃說道：「不要說了……不要說了……」數分鐘後，祖母就一動不動了。A女試圖自殺，結果未遂，於是自己撥打了一一〇。

・年輕照顧者缺乏支援體制——

仔細追溯此案件的背景，可以發現，日本社會對「未成年照顧者」，尤其是十八歲以上、四十歲以下的「年輕照顧者」，認識極為不足。A女明明有向周遭人發出求救信號，但周遭人都漠視了，甚至有人說A女在撒謊。因為多半人都認為，為什麼祖父母世代的長照問題，需由孫子世代來承擔？

而日本官方對這部分也尚未進行充分的實態調查，因此缺乏適當的支援體制。A女除了向父親和姑媽，以及高中同學和職場同事發出求救信號以外，毫無其他求救門路，這表示社會本來就缺乏這方面的支援體制。

另一個問題，是以「家庭主義」為名的壓榨與暴力，亦即親情勒索。祖母的照管專員在審判中作證說，她建議讓祖母住院，但遭到姑媽們拒絕了。日本確實仍有不少家庭寧願選擇由親屬照顧，也不願將被照顧者託付給外部照護人員或設施，這表明了家庭主義在日本社會仍根深柢固。而且，A女的姑媽禁止A女與照管專員接觸，導致A女除了被迫接受嚴酷的長照工作，同時也被剝奪了諮詢或討論護理問題的機會，最終陷於孤立無援的處境。

針對此案件，大多數日本網民都極為同情A女，認為A女從小就缺乏親情，境遇很可憐。小學一年級起，就受到祖母的精神虐待，中學和短大時代，在姑媽家當免費保姆兼女傭，畢業後出社會不及一個月，便要獨自撐起照顧失智並失能的祖母的重責。而這一切的一切，都只因為祖母代為支付了學費與生活費而已。最令人唾棄的是A女的父親和A女的姑媽。A女的父親在判決後接受採訪時，表示：「她（A女）應該去坐牢。判決的前提是『她被迫照顧老人，所以很可憐』。我和妹妹（姑媽）談過，妹妹跟我同樣想法。今後我不會再和她（A女）聯繫，我對她完全沒有為人之父的愛情。」

性情暴躁、經常口出惡言的祖母，會養出這樣的子女，其實也不難想像。唯一算是正常成年人的，只有那位經營清潔公司的伯父，亦即祖母的長子。可是，這位長子好像也不怎麼關心自己的母親，似乎將原生家庭的所有家裡事，都交給妹妹（姑媽）掌管。不過，假如伯父另有自己的家庭，那就不能怪伯父不顧原生家庭了，畢竟對伯父來說，配偶和孩子比原生家庭重要。

不知是否是此案件帶給社會的衝擊太大，日本厚生勞動省與文部科學省聯手，於判決結束三個月後的十二月至翌年一月，針對一千所公立國中與三百五十所全日制高中，實施了日本首次未成年照顧者實態調查。結果發現，在家中須照顧家人的國中生比率為五・七％，約十七人中有一人；全日制高中生的比率則為四・一％，約二十四人中有一人。

內容以做飯、洗衣等家務事為多，其他是接送兄弟姊妹上托兒所、護理或看顧祖父母等，涉及很多方面。國中生平日的平均照顧時間是四個小時，高中生則為三・八個小時。一天花七個小時以上在照顧家人的未成年，更占了一成以上。這樣的話，這些孩子不就完全沒有屬於自己的時間了嗎？

此次調查，另有一份縮小規模，針對非全日制高中和函授高中的調查。結果顯示，在家中須照顧家人的非全日制高中生比率是八・五％，約十二人中有一人；函授高中生比率則為十一％，約九人中有一人。兩者的占比均超過了全日制高中的占比。其中，一天花七個小時以上在照顧家人的函授高中生比率，竟然高達二十四・五％，約四人中有一人。

日本厚生勞動省副大臣表示：「調查結果令人震驚。一想到這些孩子不但無法過上一般孩子的生活，更缺乏可諮詢或商量的對象，獨自一人默默承擔著照顧問題，實在令人心碎。很遺憾迄今為止我們都沒有著眼在未成年照顧者問題，也沒有採取任何對策，但我們會盡快研討可以立即生效的對策。」

官方終於有所行動了。而且，厚生勞動省與文部科學省的聯合專案小組，在二〇二二年五月便整理出未成年照顧者支援對策。之後在二〇二二年正式啟動，支援項目包括了福利、護理、醫療保健、教育等四項。只不過，官方的支援對象仍鎖定在未成年照顧者，十八歲以上、四十歲以下的「年輕照顧者」，依舊處於孤軍奮戰的立場。

此外，據說，二〇一〇年之後的日本大學生，有不少人的學費是祖父母世代支付的。由於父母那一代沒有錢，無力幫子女支付學費，只能仰賴有錢的祖父母。大學畢業典禮時，孫子世代和祖父母世代一起拍攝紀念照的景色，也愈來愈多。

然而，如果只因為學費是祖父母世代提供的，孫子世代就要受到各種無形束縛的話，日本的「家庭主義」是不是會走向滅亡之路呢？或者，因為學費是父母、祖父母支付的，為了報恩，孫子世代就必須聽從父母或祖父母的安排，甚至必須負責兩代人的老後長照問題，試問，孫子世代還有餘裕去建立新家庭並繁衍後代嗎？

千萬不要與社會底層的人打交道

・階層差距——

日本社會存在著各式各樣的社會階層，也存在著各式各樣的差距。過去，這些差距與社會階層並不顯眼，不會讓民眾感覺到任何過於誇張的不平等現象。但近年來，由於各種差距日益擴大，導致各個社會階層也隨之日益分化，彼此之間的距離愈來愈遠，並由此引發了許多社會問題。

一般說來，大多數人只知道自己生活過的世界，或者與其相近的世界，亦即自己曾經歸屬過的階層，而且通常無法想像其他階層的人所生活的世界，到底是什麼模樣。即便年齡相仿，或是同鄉、同一家大學畢業，若彼此經歷的人生有所不同，最終歸屬的階層世界也就天差地別。

在此所說的階層，是指根據收入、職業、教育背景、身分（地位及聲望）等，所形成的社會群體，而非身分懸殊的社會階級。這些人在社會中像階層那般分成許多層，基於該人或該家庭的收入與資產，大致說來可以區分出「上流」、「中流」、「下流」三層。雖然其定義因人而異，但在日本，一般「上流」階層給人的印象是年收入一千萬日圓以上，並在市中心擁有自己的房子，職業是醫生、大企業正規員工、高收入自由工作者等；「中流」階層是收入穩定的企業正規員工、公務員、獨資企業（個體戶、自僱者、自營業主）等，經濟狀況不錯，但很難往上流動轉移入「上流」階層；「下流」階層則為非正規員工、自由兼職者（飛特族）等，簡單說來，是收入僅能維持自己一個人的生計之群體。

除此之外，當然另有根據身分和職業所形成的階層。身分可以是大企業全職員工、做多少掙多少的自由業者、契約員工，甚至連無業遊民的「尼特族」也是一種身分；職業可以是公務員、醫生、程式設計師、卡車司機、Youtuber、酒店公關等。也就是說，在「上流」、「中流」、「下流」這三大階層中，又根據資產、職業、收入等，細分為許多階層。

當社會處於經濟成長期或經濟穩定期時，各個階層之間的差距問題，不會受到太多人的注目。即便不同階層之間存在著某種程度的收入差距問題，但當每個人都能過上自己所認為的正常生活時，階層之間的差距問題，就不太可能會成為整個社會的問題。畢竟，你走你的陽關道，我過我的獨木橋，只要陽關道和獨木橋都安好無恙，彼此還是可以繼續往前走。但是，當社會陷入經濟衰退期，「下流」階層逐漸難以自力維持自己的生計，須要仰賴公家機關稅收支持時，問題就會凸顯出來。

當問題凸顯出來時，日本社會的冷酷無情之一面，也會隨之顯露出來。大多數人對形形色色的階層差距視若無睹，尤其以高學歷白領和高科技技師為中心的「新中產階級」，對階層差距問題大多持肯定態度，認為差距擴大是個人能力所致，無能的人會被擠壓至底層也是理所當然。往昔那些反對不平等、主張和平主義、主張強者必須扶持弱者的傳統白領知識菁英，在現代日本已經不起任何作用了，甚至可以說已經不存在了。

・炎上風波——

最顯著也最具代表性的例子，是某位住在東京的部落客兼職主婦B女，於二〇一六年八月上旬，發表了一篇〈不要與社會底層的人打交道〉文章，在日本網路掀起了一陣「炎上」風波。就文章內容來說，槽點很多，但確實也具有一定程度的道理。因此，雖然「炎上」了，卻並非完全遭到網民否定，而是贊成與反對各半，甚至可以說是日本一般民眾的代表觀點，至於內容正確與否，則另當別論。

說起來，當我們提到「社會底層的人」時，每個人腦海中所浮出的形象，應該都不一樣。部落客兼職主婦B女開門見山便說：「我們所生活的社會存在著階層制度。雖然不像印度的種姓制度，或江戶時代的士農工商制度那般有明文規定，但階層確實存在。」

對B女來說，日本社會存在著如下四個階層。

- **第一階層**：高級公務員、經濟團體聯盟會員的大企業員工、高難度國家資格證持有者、成功的創業者。包括其配偶。
- **第二階層**：二流中型企業員工、二流公務員。
- **第三階層**：中小企業員工、尼特族（無業遊民）。
- **第四階層**：飛特族（兼職工）、非正規員工、派遣員工、酒館、「風俗孃」等妓女。

〈不要與社會底層的人打交道〉這篇文章，之所以「炎上」的最大理由，正是階層分類過於主觀。

首先，為什麼無業遊民的尼特族會被列在第三階層呢？據說，是因為尼特族從未步入社會，因而精神污染度較低。這個理由確實具有說服力。畢竟，能夠選擇尼特族這個身分，表示當事人的原生家庭的經濟條件還算不錯，而且從未在社會打滾過，表示當事人有可能仍維持著單純個性，精神比較純潔。只是，也有不少人認為，第四階層的飛特族、非正規員工、派遣員工、酒吧員工，甚至妓女，都是靠自己掙錢養活自己的人，階層怎麼會比靠啃老吃閒飯的尼特族還要低呢？

再者，高難度國家資格證持有者，指的是律師、法官、醫師、國家公務員綜合職、註冊會計師（CPA）、法院事務官、飛機駕駛員等之類的職業。在這些高難度國家資格持有者中，有不少人是選擇派遣員工或契約員工身分的。日本於一九八六年制定派遣員工制度時，當初就是僅限於高技能人才的制度，後來才逐漸放寬限制。

然後，B女主張：「雖然有點唐突，但千萬不要和第四階層的人交談。絕對不能和他們一起工作或者結婚。甚至連『你好』也都不要說。」

第四階層包括了酒館。若按照此論點，那麼，所有提供酒類的飲食店，例如庶民最喜歡的居酒屋、政治家最喜歡的料亭之類的，是不是都不能接觸呢？這根本就是荒誕無稽的理論，因為就連第一階層的高級公務員、經濟團體聯盟會員的大企業員工，甚至是成功的創業者，許多時候都是要在酒館洽談合作事宜的。為什麼連打個招呼都不行呢？

「第一個理由，是因為他們腦筋不好。要他們用漢字寫出『中目黑』，他們也許會寫不出來。所以他們不可能控制自己的情緒。我們不知道他們會做出什麼事。有可能會揮舞刀刃。新聞報導中的兇案主謀通常都是這個階層的人。如果與他們打交道，有可能會失去性命，對吧？所以連『你好』也不該說。」**（中目黑：東京都目黑區的地名及車站名。）**

「第二個理由是他們都很窮。比如說，一流企業的人可以跳槽到二流企業，但二流企業的人很難跳槽到一流企業。這就是所謂的階層結構。」

「因此，處於社會底層的人，幾乎終生都窩在底層。比如說，妓女可以跳槽到丸之內的企業嗎？或許根據當事人的努力，也不是不可能，但是很難。」**（丸之內：東京都千代田區的地名，是商業重鎮、商務街道，聚集了許多大企業總部大樓。）**

「妓女是指只能透過賣淫掙錢的人。假設每個月的生活費是二十萬日圓。為了生存，需要金錢。但為了掙那二十萬日圓，妓女到底需要接待多少個男人呢？十人？十五人？一年就會超過一百人。五年會超過五百人。」

「這樣的人不可能維持正常的精神狀態，所以我們不知道他們會做出什麼事。這和興奮劑中毒者一樣。現今，社會愈來愈富裕，底層的人和普通人吃一樣的食物，穿一樣的衣服。我們很難分辨出誰是底層的人（昭和時代的社會底層，人們一眼就能看出對方是底層的人）。因此，我們有時候會不經意地與他們接觸。不過最好在意識到這點時，立即離開他們比較好。」

至此為止，B女的主張確實合情合理。她所說的「罪犯、窮人、腦筋不好的人都集中在第四階層」（所謂「腦筋不好」，意指低學歷的人），就機率來說，是不可否認的事實。數據顯示，無論男女，教育程度愈低，犯罪率及入獄率就愈高。若以大學畢業生為基準，根據日本法務省二〇二〇年的數據，只完成義務教育的國中畢業生，入獄率高達二十五倍，高中畢業生則為四．三倍。讀不出或寫不出漢字，以及溝通能力高低與否，都與教養程度有關，更是左右犯罪率的原因之一。現今的日本是個高學歷社會，高中升學率高達九成五以上，大學升學率也高達五成以上，如果只擁有國中畢業證書，在很多方面都會處於劣勢，不但能找到的工作非常有限，還可能不得不從事低收入工作，在社會確實會歸屬於第四階層。

但是，並非所有第四階層的人都可能成為罪犯，也並非所有第四階層的人終生必定窩在底層，或終生注定是窮人，永遠見不得天日。B女發表的這篇文章，之所以「炎上」的第二大理由，正是她的表達方式過於極端，口氣過於斬釘截鐵。畢竟，這世上不存在「絕對」。罪犯及窮人或許多數歸屬於第四階層，不過，這只是統計數據而已，只是機率問題而已，並非絕對。

日本有個「Sirabee」新聞網站，主要提供網路調查和原創報導文章，深入挖掘熱門新聞及社會時事。該網站就曾經針對A女的〈不要與社會底層的人打交道〉這篇文章，進行了網路調查，調查對象是二十至六十代，將近一千四百名的男女。結果，選擇「可以理解『不想與非正規員工等人打交道』的心情」，僅有十四·五%，大約是七人中有一人。

而在這些肯定派當中，居最高位的是經營者、企業董事，占了三成一，其次是公務員，占了兩成五，再次是學生，占了將近兩成三，其他依次為自由業（兩成二）、企業正規員工（一成六）、自營業主（一成三）、無業者（一成二）、全職主婦／夫（一成一）、時薪工（一成）。由此可見，最不想與底層窮人接觸的階層，正是第一階層的有錢人。

·什麼是底層工作？——

另有一個針對大學應屆畢業生，專門提供有助於求職的文章與服務的網站「就活的教科書」，於二〇二一年五月刊載了一篇〈【什麼是底層工作？】底層工作排行榜〉文章。一年後，在網路世界「炎上」了，除了多個相關字詞在Twitter（現X）的搜索排行榜中名列前茅外，「Yahoo!新聞」的評論區，也因違規留言數超標，所有評論都被隱藏不公開。接著延燒至傳統紙媒，最後甚至上了電視台的雜聞秀節目，成為頭條社會新聞。

網路世界的「炎上」事件，一旦上了電視台的雜聞秀節目，就表示有一大群雖擁有智能手機，但除了利用LINE與家人或友人進行聯絡外，幾乎從不上網的高齡者，全都知道了該事件的來龍去脈，可謂家喻戶曉，人人皆知。鬧得該網站不但出面正式道歉，並刪除了網站內所有可能涉嫌歧視的文章。

什麼是底層工作？該篇文章先聲明了一段漂亮話，「一般來說，底層工作是指在底層支撐社會的工作。我們應該意識到，正因為有這些人存在，今日的我們才得以存在。」之後，列出了十二項底層工作排行榜，依次如下：

①土木工程／建築工人
②保全人員／警衛
③工廠工人
④倉庫工人

⑤便利商店店員
⑥清潔工
⑦卡車司機
⑧垃圾收集員
⑨餐廳工作人員
⑩看護工（長照設施或安養中心的）
⑪保育士（幼稚園或托兒所的專職人員）
⑫客服中心工作人員

文章中描述這些底層工作的特徵是：體力勞動、任何人都做得來、經常重複同樣事情；缺點是：平均年收入低、結婚困難、消耗體力。然後列出四種可以迴避底層工作的方法，最後列出沒有經驗也可輕鬆被錄用的職業與行業清單。

該網站的操作系統是讓三十名左右的實習生，亦是大學生，執筆寫網路文章，再經過其他職業顧問、財務顧問、工程師等專家監修，最後由總編輯亦是公司董事長核稿後，才能公開在網站上。也就是說，並非大學生未經公司許可而胡亂撰寫並發表的文章。只是，在經過這麼多所謂「專家」的過濾之後，為什麼仍然用「底層」這個詞？為什麼「詛咒」人家結婚困難？為什麼給人貼上「收入低」的標籤？難怪會惹怒了整個社會。

或許網站所標明的操作系統並非事實，董事長兼總編輯也沒有審核稿件，而編輯部又為了衝流量，便故意用了刺眼字詞。文章中的「可以迴避底層工作的方法」，其實就是鏈接至其他人力銀行或求職代理網站，讓讀者點擊並註冊，藉以賺取轉介佣金。

若從另一個角度來看，可以解釋為，文章作者的大學生還未踏進社會，視野比較狹窄，更不理解文章中那十二項工作的優點與缺點。那些被列入底層行業的十二項工作，其實正是當代日本年輕人不願意從事的工作。尤其排行第一的土木工程／建築工人，企業因徵求不到日本年輕員工，只能逼迫政府引進外籍勞工。

不過，這篇〈底層工作排行榜〉文章，與東京兼職主婦B女的那篇〈不要與社會底層的人打交道〉，還是有區別。大學生的文章是基於無知，以及「將來不想去做」的願望，而兼職主婦B女的文章，則完全將事實與個人感情混為一談，充滿了偏見。B女之所以會如此偏激，是因為她是從她所謂的「第四階層」，靠結婚爬至第一階層的人。

B女於高中畢業後，沒考上大學，在補習班苦讀了一年，才考上偏差值四十的女子大學。畢業後也沒考上任何企業，最初在東京都內某家法律事務所工作，是時薪九百日圓的非正規員工，後來靠努力，才成為正規員工。**（日本的學校偏差值一般介於三十五至七十之間，東大、京大、慶應等知名一流大學，偏差值門檻約在七十以上。偏差值四十以下的學校學生，通常被視為「腦筋不好」。）**

之後，B女可能遇上了第一階層的男人，靠結婚而爬至第一階層。也因此，在她的認知中，第一階層才有「包括其配偶」這句說明。也許，B女真正唾棄並想拋棄的東西，是「過去的自己」，或是，「某些仍停留在第四階層，B女想切割也切割不掉的過去的遺產」。總之，B女的部落格被「炎上」之後，她又持續更新了一年多，最後轉行至販賣賽馬資料的行業，然後銷聲匿跡了。

平心而論，女性確實可以利用結婚從低階層垂直上升至高階層。畢竟，階層與階級不同，階層之間是可以流動的。有些人只能水平流動，從A企業的非正規員工，水平流動至B企業的非正規員工，雖然流動了，但階層一樣。有些人則能垂直升降，例如女性，可以利用結婚，從第四階層的陪侍公關身分，垂直上升至比第一階層更高位的「上級國民」階級，成為某政治人物的第一及第二夫人。

在日本昭和時代的「皆婚社會」中，對大多數的日本女性來說，結婚，亦即「丈夫」，等同於一面社會安全網。當時有個詞叫「永久就職」，是形容女性結婚時的代名詞，這個詞正足以說明女性的婚姻意義。即便是令和時代的現代日本，「丈夫」仍然是日本女性的社會安全網。無論專業主婦或兼業主婦，一旦失去了丈夫，便很有可能會一直線墜落至社會最底層。尤其是因離婚或死別而成為單親媽媽的母子家庭，以及因死別而成為未亡人，生活費來源僅靠微薄年金的高齡婦人。

日本社會學家橋本健二在其著書《底層階級》中表述，數據顯示，許多專業主婦及兼職主婦，都因與丈夫離婚或死別，失去了經濟後台而流入社會底層階級。而這些流入底層階級的主婦，在結婚前，大多數是有固定收入的正規員工，因為結婚或生育而辭職，成為專業主婦或兼職主婦，然後在失去了丈夫之後，流入了底層階級。

橋本健二教授又在其著書《女性的階級》中闡述，女性的學歷愈高，愈不容易流入底層階級，但是中途退學的女性，無論高中或大學，都比持有高中或大學畢業證書的女性，更容易流入社會底層階級。女性流入底層階級的路線，與男性不同，女性通常在婚後成為主婦，生活看似一帆風順，完美無缺，但其實主婦的地位最不安穩，隨時都有流入底層階級的可能。

總而言之，對日本女性來說，結婚是墜落至社會底層階級的入口。

第五章

流行語與事件

上級國民

じょうきゅうこくみん／Zyo-kyu- Kokumin

日語「上級國民」的概念，與「特權階級」大致相同，意指特定的人群或階級。

日本於戰後，在駐日盟軍總司令主導之下，修改《大日本帝國憲法》時，駐日盟軍總司令本來將憲法中原有的「臣民」，改為「people」、「person」，翻譯成日文是「人民」、「自然人」。但由於「人民」意味「所有居住在日本的人」，範圍太廣泛，而且「人民」一詞，在明治時代具有「不願意被當權者統治」的語感，因此日本政府拒絕用「人民」代替「臣民」。後來駐日盟軍總司令讓步，將憲法中的「臣民」改為「國民」，意味經過修改後的《日本國憲法》中所規定的權利和義務，僅適用於具有日本國籍的「國民」，不包括居住在日本的外國人或無國籍者。

換句話說，日本自戰後修憲以來，除了天皇和皇室成員之外，不但禁止設立貴族階級**（戰前的日本貴族階級是華族，華族社會是透過代代聯姻而展開的閨閥社會）**，也沒有任何具有特殊地位的其他階級，「國民」就是具有日本國籍的所有平民。話雖如此，某些戰前的特定族群（例如華族），仍然會通過聯姻關係，於戰後繼承了上一代人的特權，並形成類似貴族的階級。此外，駐日外交官及美軍有關人士等部分外國人，依法享有某種特權。

因此，顧名思義，「一般國民」指的是普通民眾、普通居民，而「上級國民」則為「地位高於一般國民的上等國民」。通常指享有特別待遇的富裕階層或上流階層的人，例如大企業經營者、政治家和高級官僚，以及在社會上具有影響力的人。但「上級國民」這個詞往往帶有批判性的含義，尤其在差距逐漸擴大的現代日本社會，當個人感覺到有特權或不公平存在時，通常都會用這個詞來諷刺。雖然這個詞於大正時代便已經存在，但直至二〇一五年才流行了起來，並滲透於線上的網路世界與線下的真實世界。

二〇一五年七月，被採納為二〇二〇東京夏季奧運及帕運的會徽設計方案，因涉嫌抄襲，於九月被取消。但當時的奧運委員會事務總長，在記者招待會上發表聲明時，頻頻提及「一般國民」這個詞。大意是「設計界認為該會徽是原創設計，遺憾的是，一般國民很難理解」，這句話在社會上引起了很大爭議。

・東京池袋暴衝事件——

事務總長用「一般國民」這個詞對比「設計界專業人士」，本來應該別無他意，但對「一般國民」來說，亦即對普通民眾來說，聽起來就特別刺耳，給人高高在上、居高臨下的感覺。於是，「上級國民」一詞便快速普及了起來。只不過，當初仍限定在「專家」階層，雖帶有諷刺語感，卻不含批判。真正讓這個詞成為負面詞彙的事件，是發生於二〇一九年四月某日的「東池袋汽車暴衝死傷事故」（日文：**東池袋自動車暴走死傷事故**）。

二〇一九年四月某日，東京池袋發生了一起轎車失控暴衝事故，造成十人（包括肇事者）重傷或輕傷，另有一名騎自行車的三十一歲母親，當時載著三歲女兒正在過馬路，不幸被撞，母女雙雙身亡。事故發生後，「上級國民」這個詞立即在網路上流傳開來，社群媒體充斥著譴責肇事者的批判言論，各大媒體平台也是報導得沸沸揚揚，電視雜聞秀節目的評論人更是連日討論得口沫橫飛，社會一片譁然，氛圍十分詭異。

當時八十七歲的肇事者，是一名前政府高級官僚（舊通產省工業技術院前院長），卸任後還歷任業界團體會長、大型機械製造商副社長等多種職務，事故發生四年前，還獲頒國家勳章「瑞寶重光章」。正是這種華麗的頭銜與身分，引起了大眾注目。由於是政府高級官員，卸任後除了可以領取一筆高額退休金及年金，還可以「官僚下凡」（天下り／あまくだり）至民間企業擔任要職，充當商界與政界的引介人，繼續領取優渥報酬，因此才會有如此亮眼的職涯。**（瑞寶章：明治天皇於一八八八年一月四日制定的勳章，對象是長年從事公務並有功績的人。瑞寶重光章是勳二等瑞寶章。）**

事故發生後第三天，神戶市中央區ＪＲ三宮車站前，又發生了另一起事故，是一輛市營巴士衝進斑馬線，造成兩名二十代男女死亡、四人受傷。當時六十四歲的市營巴士司機，當場被拘捕。事後被判處三年六個月的有期徒刑，並受神戶市開除。

然而，池袋暴衝事故的肇事者，一直沒有被拘捕，媒體在報導事故後續時，也一直稱呼肇事者為「前官僚」或「前院長」，而非「嫌疑犯」，導致網路上不斷傳播著「因為肇事者是上級國民，所以受到特別待遇與豁免特權」言論。媒體在後續報導中說明，肇事者因為事故導致胸部骨折，需要住院治療，而在他沒有正式被捕之前，媒體不能使用「嫌疑犯」一詞稱呼他。儘管如此，「上級國民」和「特權」之類的批判言論，始終沒有平息下來。

隨後庭審開始，被告人在法庭堅持「我踩了剎車，但剎車失靈」，將罪過推卸給車輛，主張自己無罪，這更引起了大眾不滿，網路上充斥著強烈的譴責言論。經過調查當局一番調查後，證明了車輛毫無異常，事故原因是被告人踩錯了剎車和油門，致使日本網民更是無法原諒遲遲不肯認罪的被告人，網路上的批判言論愈燒愈旺，逐漸演變為誹謗中傷言論。對此現象表示贊同的電視節目評論員以及藝人，更不在少數。如此，本來是針對「上級國民」特別待遇問題的輿論，矛頭便指向了被告人本身，變成針對被告人的人格攻擊言論。

輿論之所以會愈燒愈旺，其實和媒體誤導有關。例如，媒體報導事故發生後，被告人在救護車到達之前，用手機給兒子打了一通電話，但事實並非如此。被告人的兒子是在事故發生五十五分鐘後，才接到父親打來的電話，不過，遍布在網路上的謠言，則為被告人於事故後立即打電話給兒子，交代兒子要迅速掩蓋事故。

再例如，媒體報導被告人「因為在一家法國料理餐廳訂了位，為避免遲到，急著趕路」。媒體可能想強調「上級國民」用餐也跟一般國民不同，因而明明只是一家普通西餐廳，卻故意用「法國料理餐廳」讓讀者誤以為是高級餐廳。而且，被告人是那家西餐廳的老顧客，即便遲到也無所謂。

總之，事發當時，被告人及其家人無論說些什麼，都只會受到社會猛烈抨擊，他們別無選擇，只能保持沉默。最終於二〇二一年九月二日，正式被判處五年徒刑，立即執行，十月即被關進了東京拘置所，當時被告人已經九十歲了。二〇二四年十月，被告人在獄中去世，死因為衰老死亡。

・囂張的「上級國民」——

另一起「上級國民」轎車失控事故，同樣是被告人踩錯了剎車和油門，奪走了一名三十七歲男性性命，卻同樣沒有當場被捕，被告人更同樣將罪責推卸給車輛，並且對初審法院的定罪提出了上訴。這位囂張的「上級國民」，是名古屋高等檢察廳前檢察長。

事故發生於二〇一八年二月某日，東京澀谷區一條街道上。當時七十八歲的被告人，與一名二十代年輕女子約好一起去打高爾夫球，他開車來到相約地點，停車準備下車幫女子裝載行李。據說，被告人右腳剛跨出車外，車輛竟突然失控，以時速一百多公里的速度前行，狂奔了約三百多公尺，撞上了站在人行道上一名三十七歲男性，之後又撞上了前方一家商店和住宅。據報導，最高時速是一百二十一公里。

被告人的最終官職雖是名古屋高等檢察廳檢察長，但之前，曾歷任東京地方檢察廳特別調查部部長、東京地方檢察廳檢察正、福岡高等檢察廳檢察長等。六十二歲辭去官職後，身分是律師兼大學教授，同時身兼多重民間大企業要職（官僚下凡），燦爛的職涯，不比池袋轎車失控暴衝事故的被告人遜色。巧得是，這位「上級國民」也是「瑞寶重光章」受勳者。

二〇二三年五月，最高法院駁回了被告人的上訴，判處被告人有期徒刑三年，緩刑五年。此時的被告人已經八十歲，除了失去了律師資格，也被剝奪了國家勳章。同年七月，被告人向東京地方裁判所提出民事訴訟，聲稱汽車失控是汽車缺陷所造成，他明明沒有踩油門，但汽車還是突然啟動，要求肇事車輛的製造商豐田汽車公司，以及銷售公司賠償五千萬日圓。

池袋那起事故，由於犧牲者的丈夫頻頻在媒體前露面，對拒絕認錯的被告人公開表達遺族的失望與悲憤，因此很容易引起「一般國民」的同情與共鳴，特別是網路輿論，幾乎每天都在鞭韃被告人及其家人。但澀谷這起事故，就沒那麼受矚目了。若同時比較前述三起汽車失控暴衝事故，可以發現，警方與法官似乎都對「上級國民」比較客氣。

・**神戶事故**：公車司機，二死四傷，當場被捕，肇事者當場認罪，被判三年六個月有期徒刑（求刑五年），不上訴，一審終審。

・池袋事故：前通產省官僚，二死九傷，不予羈押在宅起訴，肇事者不承認過失，被判五年有期徒刑（求刑七年），不上訴，一審終審。

・澀谷事故：東京地方檢察廳特別調查部前部長，一人死亡，不予羈押在宅起訴，肇事者不承認過失，被判三年有期徒刑（求刑三年），緩刑五年，仍在上訴中。

「一般國民」的公車司機當場被捕，「上級國民」的高級官僚則都不予羈押在宅起訴；「一般國民」當場認罪，「上級國民」卻都死不認罪，兩人同樣將責任推卸給汽車製造商。由此可見，所謂「高官」，明顯有推卸責任的傾向，遇到突發事件時，往往會怪罪於他人。或許，在行政官僚體系中，不承認自己的錯是一種官運亨通的處世術，否則，大概無法晉升至組織最高層。

此外，在現今這個時代，網路輿論的影響力超乎我們的想像，甚至可以影響到刑事司法案件的法官判決（法官也屬「上級國民」）。日本網民在池袋事故中所顯現的網路公審現象，已經可以說是一種集體歇斯底里的獵巫行為了，但換個角度來看的話，或許也可以說是「下級國民」的集體發洩案件。

父母扭蛋 親ガチャ

おやガチャ／Oya Gacha

・天生不平等？——

「親ガチャ」（おやガチャ／Oya Gacha）的中文是「父母扭蛋／轉蛋」，意思是「孩子不能選擇自己的父母」，指的是每個人在出生時，都只有一次轉動「扭蛋」的機會。這個「扭蛋」，正是決定你會生在什麼樣的家庭、將會擁有什麼樣的父母之戰利品箱，也就是決定你的人生路程的起跑點。「扭蛋」則為電子遊戲中的隨機開寶箱，根源是塑膠玩具自動販賣機裡的扭蛋（ガチャポン／Gachapon，ガチャガチャ／GachaGacha），轉動扭蛋機的旋轉鈕時，所發出的聲音正是「ガチャ／Gacha」，因此「Gacha」也是「扭蛋」的正式稱呼。

「父母扭蛋／轉蛋」本為日本網路俚語，在二〇一〇年中期便已經流傳於社群媒體，但在二〇二一年左右，才迅速擴散，成為流行語，並入圍二〇二一年新詞和流行語排行榜前十名。二〇二三年一月實施的大學入學共通考試，也出現了以「父母扭蛋」、「天生不平等」為主題的社會科問題，備受社會關注。

這個詞之所以能迅速在日本社會扎根，是因為日益擴大的貧富差距問題，以及日益嚴重的世代對立問題等，讓日本年輕人認為，光靠自己的力量，是絕對無法扭轉現狀的差距社會局勢，也無法自助翻身。換句話說，這個詞恰恰反映了日本當今社會的窒息與鬱悶。

（方便起見，以下將「扭蛋／轉蛋」統一為「扭蛋」一詞。）

最近，社會新鮮人的「配属ガチャ」（はいぞくガチャ／Haizoku Gacha／工作崗位分配扭蛋）或「上司ガチャ」（じょうしガチャ／Jyoushi Gacha／上司扭蛋），以及學校新學年的「担任ガチャ」（たんにんガチャ／Tannin Gacha／班級導師扭蛋）之類的，也都廣泛流傳，成為很常見的用詞。

當「父母扭蛋」一詞成為日常用語之後，日本社會出現了兩種引人注目的批判言論。一是「終究還是個人努力的問題」批判說法，另一是站在父母立場所發出的「當父母的好像受到指責」批判說法。但是，這兩種批判似乎都過於膚淺，止於表面。畢竟透過各式各樣的統計和研究，已經證實了家庭環境對子女的影響非常大，父母的存在更對子女具有長遠影響。因此，我們不能將某人在社會上取得成功的原因，視為僅僅是個人努力的結果，而忽略了個人無法控制的運氣因素。

「運氣」確實存在於現實世界中，雖然努力和意志很重要，但運氣的因素也不容忽視。有些專家認為，「父母扭蛋」一詞本身具有正面思想，年輕人在使用這個詞時，表面看去，消極性質的「死心」、「看開一切」成份居多。他們藉由這個詞，看似間接表達出已經接受了命運的安排，並放棄了主動改變周遭環境，或靠自我奮鬥克服困境的想法。但換個角度來看，他們或許也藉由這個詞，試圖積極迎接充滿不確定性的未來，從而減輕面對殘酷現實的焦慮。在貧富差距愈來愈大，社會要求「自己責任」的壓力愈來愈強時，年輕人用取自電子遊戲的「扭蛋」這個詞，力圖以自嘲方式擺脫來自社會的沉重感，以便可以鼓起勇氣向前邁出第一步。

・子女自我保護模式——

日本社會學家、筑波大學教授土井隆義強調，年輕人使用「父母扭蛋」這個詞，本意不在責怪父母，或將一切都怪罪於遺傳及家庭環境。當初這個詞是用來間接表達自己在家中遭受虐待，或自己因家裡貧困而有苦說不出的處境。也就是說，大家都在利用社群軟體進行交流，而在虛擬世界中，你無法露骨地訴說自己的父母有問題等家庭環境，只能透過電子遊戲中隨機性的「扭蛋」工具，賦予一層俏皮包裝，暗示自己處於機能不全家庭環境中。因此，「父母扭蛋」的意義，最初是暗指有各種問題的「毒親」（Toxic Parents），之後才廣泛應用在多方面。

倘若你不巧生在一個機能不全家庭中，為了宣洩，若在社群平台公開說出自己遭受父母虐待，或飽受貧困折磨的處境，很可能會讓對方感到過於沉重，無法承擔，而在不知不覺中拉開彼此之間的距離。但是，若通過「父母扭蛋失敗」這個輕鬆俏皮的用詞，不僅更容易將信息傳達給對方，而且還可以避免因「自己責任論」所導致的過度自責，將自己逼得走投無路。

另一方面，對當父母的人來說，「父母扭蛋」當然不是一個友好用詞。但是，這是現代年輕人出於考慮到對方的感受，卻又不想對朋友完全保密，於是只稍微吐露一絲絲的「分享隱私」方式。也可以說，「父母扭蛋」是基於時代需要而誕生的用詞。現代年輕人生活在一個貧富差距不斷擴大，階級日益固化的時代，單靠自己的力量很難改變自己的處境，但社會又高舉「自己責任論」正義旗幟，大喊「終究還是個人努力的問題」，指責他們不夠努力。於是，年輕人便選擇了「父母扭蛋」這個詞，間接表達出時代的停滯感與社會的閉塞感。

日本《讀賣新聞》於二〇二二年二月十二日至四月四日期間，收集了包含「父母扭蛋」一詞的一萬八千二百三十二條舊推特推文，並按照使用頻率匯總了與「父母扭蛋」一起被提及的單字。最常用的單字是「失敗」。例如「父母扭蛋失敗」之類的推文，極為突出，類似意思的「沒抽中」也很常見。多半是根據自己的經驗，與他人做比較後，再感嘆自己沒有那麼幸運之類的推文。「自己」也名列前茅，例如「靠自己的努力也解決不了的問題，只能在下輩子再度嘗試」，或是「成年後可以擺脫父母，如果不願意離開原生家庭，那就是你自己選擇了不幸」，這種呼籲自救之類的推文。

另一方面，與「失敗」和「沒抽中」形成兩極對立的「成功」，也名列前茅。例如「只有父母扭蛋很成功」，或是「孩子告訴我，他的父母扭蛋很成功」之類的推文，有的直接表達了對父母的感激之情，有的則表示受到孩子稱讚。另有一些是針對著名人物，說他們「只是父母扭蛋成功了」而已。此外，也有用「父母扭蛋」一詞，提及受虐等嚴肅的親子關係，例如「那些斷言父母扭蛋不存在的人，應該等到實際被父母虐待，身心都出現了問題時再說」，這則推文的轉推數非常多。

熟悉年輕人社會及文化的土井隆義教授指出，「這個詞並非子女在責怪父母，而是子女為了保護自己而使用。」分析推特的推文後，可以發現，「基因」一詞也經常和「父母扭蛋」綁在一起。土井教授表示，「現代年輕人的世界觀，是將自己的劣勢或不幸視為命中注定。他們始終在談論自己，因此這個詞不是社會性語言。」土井教授的意思是，「父母扭蛋」是「自我中心語言」，是自己想說而說的話，類似自言自語，而非說給別人聽或與別人進行溝通的「社會性語言」。

事實上，社會上有很多問題不是靠「自己責任」就能解決的。根據日本厚生勞動省的數據，日本的「相對貧困率」，亦即生活水準低於標準收入一半的人口比率，在一九八五年時是十二%，到了二〇一八年竟上升至十五·四%（舊標準）。

二〇二一年的日本貧窮線為一百二十七萬日圓，家庭收入低於一百二十七萬日圓的「相對貧困率」是十五·四%（根據OECD改訂所得定義後的新標準）。這意味著，日本約有六分之一的人，亦即兩千萬人，生活在日本標準的貧窮線以下。OECD的數據顯示，美國二〇二二年的「相對貧困率」是十五·一%，英國二〇二一年是十一·二%。換句話說，日本的家庭經濟貧富差距比美國和英國大了一些。

此外，日本的「兒童相對貧困率」，在二〇一二年達到頂峰的十六・三％，二〇二一年則下降至十一・五％。也就是說，在日本所有膝下有未滿十八歲子女的家庭中，家庭收入低於一百二十七萬日圓的戶數，占了十一・五％，約九人中有一人。單親家庭的「相對貧困率」更高達四十四・五％，遠高於雙親家庭或家中有兩名以上成人的家庭（八・六％），這表示，日本的單親家庭中，有將近半數的家庭處於經濟窘迫狀態。

「絕對貧困」是連最基本的食衣住都有問題，「相對貧困」卻非食衣住有問題，因此不容易被發現，但確實會大大影響到孩子的飲食質量、教育機會、文化精神等方面。家庭經濟窘迫，意味著子女的教育機會以及文化體育方面，在競爭起點就落後了別人一大段。有些孩子甚至因家庭收入低，無法完整吃上三餐，只能仰賴學校的營養午餐，或是社區裡的「兒童食堂」。但家庭經濟問題是「運氣」，也就是「扭蛋」，這是子女無法控制的因素，只能聽天由命，直至成年後可以自力更生為止。

（兒童食堂：子ども食堂／Kodomo Syokudou。由各地區的當地居民或有志之士負責經營的免費、廉價食堂，對象不限兒童，成人也可以利用。二〇二一年調查結果，日本全國各地約有六千零一十四家，東京都最多，有將近五百家。）

家庭經濟窘迫導致的虐童問題也很嚴重。根據日本各都道府縣的兒童輔導中心統計，一九九〇年的虐童諮詢對應件數是一千一百零一件，到了二〇二〇年，竟然增加至二十多萬件。雖然這與公眾對虐童問題的監督力度增大有關，但案件數量實在太多了。過去各大媒體火熱報導的例子，往往是母子家庭的子女，遭受母親男友虐死的例子居多。這也跟單親家庭，尤其是母子家庭的貧窮問題有關。

類似這種自己無法掌控的不幸，如果能用一句「父母扭蛋失敗」來說明一切，並可以和處境相似的同齡人分享的話，又未嘗不是一件好事呢？或許，有不少日本年輕人，正是在「父母扭蛋」這個詞當中，尋覓到自己的立足之地。

無敵之人

むてきのひと／Muteki no Hito

這世上最可怕的人，就是那些一無所有、滿腹怨氣的人。他們在社會上已經沒有任何值得留戀的人及事，因此會毫不猶豫地犯下隨機殺人事件，或報復社會的任何罪行，這些隱蔽在社會陰影中的族群，正是「無敵之人」。他們的標籤通常是：沒有正當工作、沒有固定收入、沒有社會地位、沒有配偶或伴侶、沒有家庭、沒有子女、沒有資產、沒有任何人際關係等。

「無敵之人」一本為網路用語，是日本著名網路論壇「2ch.net」（現5ch.net）創辦人西村博之，於二〇〇八年六月發生「秋葉原無差別殺人事件」時，用來形容兇手的標籤。當時二十五歲的凶手加藤智大，因在BBS遭到網路霸凌，為了抗議，在秋葉原駕車衝撞之後，下車用匕首隨機刺殺行人，造成七死十傷的悲慘結果。兇手加藤於二〇二二年七月被執行死刑，享年三十九。

按字面意義來看，「無敵」是沒有可對抗的人，或是無人能敵的強者，但「無敵之人」的「無敵」並非此意。它指的是一種被虛無感吞噬的狀態。當人的心靈被社會的黑暗侵蝕得感受不到真正的幸福時，會陷於一種「無論失去什麼都不再感到痛苦」的虛無感，就連自己的前途甚或性命，也都會覺得無所謂。因此，「無敵之人」的「無敵」，並非「沒有人能敵得過」，而是指一種「即使受了致命傷也感覺不到痛苦的空虛」，於是反倒會積極樹敵。他們通常是社會弱勢人士，本來就不受社會重視，當他們因故失去了工作、失去了親朋、失去了一切時，便會萬念俱灰，陷於絕望，繼而對一切感到虛無，然後無限上升至「無敵」境界，再不計後果地發動攻擊。

原因當然千差萬別，有的因為家庭環境，有的因為失業、挫折、孤獨，或是某些不合理的原因，導致他們的虛無感日益肥大。加之，現代人或多或少都患上了網路成癮症，有些人甚至因沉迷於虛擬的網路人際關係，而放棄了現實生活中的一切。假如人的生活中只剩下網路人際關係，那麼，當網路人際關係出現問題時，該人會做出什麼樣的選擇呢？

・秋葉原無差別殺人事件——

「秋葉原無差別殺人事件」的兇手加藤，正是這類人。他本來有正當工作，也有朋友，卻因為沉迷於手機BBS，逐步丟棄了家人、友人、同事、工作，最後因在BBS遭遇網路糾紛，而選擇了隨機殺人這種凶惡罪行。就連兇手本人，據說在被捕當初，也不明白自己到底為何犯下了這種罪行。後來他花了四年歲月，不斷分析自己的生長過程，寫出四本書後，世間人才明白，根源出自他的原生家庭環境，原罪是他母親的「教育虐待」。

加藤的母親過去就讀於縣內的頂尖高中，卻因為父母限定她只能考國立或公立大學，導致她的最終學歷停留在高中畢業，因而結下了強烈的學歷自卑情結。婚後，她堅持學歷至上主義，從小就逼迫兩個兒子接受菁英教育，是個典型的「毒親」。家庭教育方針逸出常軌，不但禁止兒子們接觸電子遊戲、漫畫、動漫等娛樂活動，甚至嚴格限制兒子們的交友對象，異性當然更不用說了。在學習方面，如果兒子們失誤或犯錯，就會歇斯底里地發怒，有時還會加以體罰及虐待。

也因為這種嚴厲的家庭教育，致使加藤的學業成績極為優秀，但也帶來了反作用，令他不時會表現出暴力衝動和過度適應的一面，精神上不太穩定。「過度適應」是日本精神科用詞，指犧牲內在需求以獲得外在適應（對社會文化的適應），導致內在適應（體驗幸福感和滿足感的內心活動）出現異常症狀。

加藤升上頂尖高中後，開始反抗母親，成績也隨之一落千丈，沒考上母親理想中的北海道大學，只考進了某汽車短大。之後，在母親的影響下所形成的性格以及價值觀，令他逐步切斷了連結現實社會的接觸點，生活中只剩下BBS是他的心靈歸宿。當這個歸宿也遭到破壞時，最終就讓他陷入了「沒有什麼可失去」的狀態。這種「一無所有」的處境，也徹底摧毀了他的理性。換句話說，失去理性的加藤，踩著名為憤怒的加速器，失控地朝著隨機濫殺罪行狂奔而去。

最可憐的是兇手加藤的弟弟，於事件發生後五年多自殺。自殺前一星期，寄出一份手記給《週刊現代》記者。加藤弟弟在手記中描述：

「我可以說的一件事是，包括我母親在內，我們全家人，在責罵某人或發怒時，從未說明為何發怒的理由。所以我從小就不得不自己思考我挨罵的理由。而且，我從來不認為這是一件令人難以理解的事。也許這正是兇手（哥哥）之所以做出過於自以為是的判斷和行為的原因。」

・京都動畫第一工作室縱火事件——

另一起事件的凶手也是典型的「無敵之人」。事件發生於二〇一九年七月，地點是京都府京都市伏見區桃山町，三層樓的京都動畫第一工作室。當時四十一歲的行凶者青葉真司，提著兩桶汽油，闖入三層樓的京都動畫第一工作室，將汽油潑灑在一樓，然後縱火。爆炸聲引起了一場大火和滾滾黑煙，燒毀了整棟鋼筋混凝土建築的三層大樓。案發當時，大樓中有七十名員工（包括董事），但只有一人安然無恙逃脫。火災犧牲者數最終是三十六死三十四傷（包括行凶者），成為日本平成時代以來最淒慘的縱火事件，亦是明治時代以來犧牲者數最多的事件。

根據京都市消防局透露，大多數人都重疊倒躺在三樓通往屋頂的樓梯上。雖然通往屋頂的門關著，但沒有上鎖，從二樓陽台跳出去的員工，輕傷重傷皆有，但都獲救了。根據獲救者證言，爆炸聲響起三十秒鐘後，眼前便一片漆黑，伸手不見五指，他朝著隱約可見的亮光跑去，最後抵達陽台，跳了出去。這棟大樓設置了一座從一樓通往三樓的螺旋樓梯，這也是火勢迅速蔓延至三樓的原因。此外，由於大樓面積不大，因此沒有安裝自動灑水器系統，也沒有緊急樓梯，不過大樓符合日本《建築標準法》規定，有設置滅火器和火災警報器，以及垂吊在天花板的擋煙垂壁。

事後經京都大學防災研究所驗證，才得知，原來在著火五秒鐘後，飽含黑煙的熱氣流便順著螺旋樓梯升至二樓及三樓的天花板，形成厚厚的煙層；十五秒鐘後，黑煙即順著大樓內階梯，聚集在三樓通往屋頂的階梯，此時，三樓的煙層溫度已經超過攝氏一百度；二十秒鐘後，二樓的煙層溫度也超過了攝氏一百度；三十秒鐘後，三樓的溫度更高達三百度，一般商店常用的捲簾式防火閘門根本來不及操作，也擋不住火勢。

案發時，行凶者本人也被捲入了爆炸，腿部及其他部位著火，雖然逃離了現場，但被當時即時逃脫的男性員工抓住。警察趕來後，在距離現場約一百公尺處逮住了行凶者。據說，行凶者的攜帶物，除了汽油，手提袋中另有數把刀具和錘子。他全身有九成以上被燒傷，在醫院反覆進行了皮膚移植手術，大約一個月後才甦醒過來。經過十個月的住院治療，才正式被捕。二〇二四年一月，京都地方裁判所公布判決為死刑，但辯方不服，提出上訴，日後將由大阪高等裁判所繼續審理。

行凶者青葉真司生於一九七八年五月，住在埼玉縣埼玉市，上有哥哥，下有妹妹。青葉九歲時，因父親的家暴問題致使父母離異，母親沒有帶走孩子，留下三個孩子與父親一起生活，讓孩子繼續遭受父親虐待。父親本為卡車司機，後來患上糖尿病，無法工作，成為生活保護受領者。青葉真司國中畢業後，一方面就讀夜校，一方面在埼玉縣縣廳文書課當非正式職員，並在加油站打工。四年夜校畢業後，為了支付電腦專門學校的學費，住進報紙販賣店當送報員。大約半年後，辭去了工作也退了學。之後，在便利商店打工，過著獨居生活。**（生活保護：日本政府為生活貧困者提供最低生活保障費用，是一種直接發給金錢的社會福利制度。）**

青葉真司二十一歲那年，當時是計程車司機的父親，因在工作時發生了人身事故，導致失業，最後病歿。自此之後，青葉真司與哥哥、妹妹逐漸疏遠，與母親更是處於絕緣關係，他的人生也一步一步往谷底墜落。青葉二十八歲時，第一次犯下偷竊女性內褲，並非法闖入女性住居的違法行為，被警察逮捕，日後被判有期徒刑兩年，緩刑四年的判決。之後，青葉與母親及其再婚對象同住一起，但畢竟合不來，半年後，三十歲的青葉又遷移至茨城縣常總市，住進當時的僱用促進住宅。只是，一直沒有固定工作，經常更換工作地點，也經常拖欠房租。**（僱用促進住宅：一種提供給勞動者階級的廉價宿舍，現已廢止此制度。）**

二〇〇九年，三十一歲的青葉真司，受到京都動畫第一工作室製作的動畫之原著小說啟發，立志成為科幻小說及校園輕小說的小說家，開始寫小說。生活費則靠著母親每週給予的兩三千日圓現金，以及食物補助。與此同時，他申請的福島核電廠工作遭拒絕，經濟非常拮据，甚至萌生了自殺念頭。二〇一二年六月，三十四歲的青葉再度犯下了違法行為，這回是闖入茨城縣坂東市一家便利商店，用菜刀頂住店員，搶走了兩萬一千日圓現金。十個小時後，青葉主動自首。

到底是什麼原因驅使他犯下這種罪行呢？根據青葉在法庭的供述，他當時剛辭去郵遞員的兼職工作，而且深信他哥哥將他的犯罪記錄洩露給他的工作單位。青葉描述，即使他想認真工作，但每次總是有人阻礙，所以他當時極為憤怒。這時，他就想過要犯下隨機殺人事件，幸好在內心踩了煞車。原因是，他仍未放棄想寫輕小說的志願，這是他的最後一根稻草。搶劫事件令青葉服刑了三年又六個月，也令青葉的母親及哥哥、妹妹，完全與他斷絕了關係，讓他陷入了無親無故的處境。

青葉在監獄服刑了一兩個月，又被移送至栃木縣中部櫻市的喜連川社會復歸促進中心。這裡是半官半民運營的低度設防監獄，除了監獄工作，日常生活限制相對比較寬鬆。進收容所時，青葉的治療調查問卷記載：「很容易因一些瑣事而煩惱不堪，並積攢不滿。思考方式傾向自暴自棄。缺乏耐性，凡事總是將責任推卸給四周的人。」移送後不久的翌年一月，青葉便在收容所裡惹事。半年後，青葉接受了精神科醫生的診察。根據醫生記錄，青葉可能患有思覺失調症。

青葉在服役期間，因辱罵及其他問題等，總計被處罰過十三次，也時常接受精神科診察。最後於二〇一五年十月，主治醫生診斷他患有思覺失調症。此時，距他出獄還有三個月，在一份出獄前調查問卷中，三十七歲的青葉寫下了自己的人生目標：「一年內成為作家，五年內購屋，十年內成為大作家。」

由於沒有願意接納的親人，青葉出獄後沒有居所。所幸日本有一項「特別調整」制度，專門提供給出獄後無法自行管理生活的身心障礙者及高齡者，讓他們可以即時接受社福支援。這是一種司法和社福相結合的制度，主要運作於即將出獄，正要跨入社會時的出口部分，故又被稱為「出口支援」制度。

在「出口支援」社福制度的保護下，青葉於二〇一六年一月出獄後，住進了埼玉縣埼玉市內的更生保護設施，但按照規定，只能住半年。同時，根據日本《精神保健福祉法》，喜連川社會復歸促進中心也向埼玉縣縣知事提出了報告。由於青葉是「特別調整」對象，可以接受各種醫療和福利支援，首先辦理了可以領取生活保護費的手續，再是由住宅支援人員幫他簽訂了租房合約，讓他住進埼玉市內某公寓。而且，每隔兩週接受一次醫生診察，每週兩次有社康護士前來為他檢查精神狀態和服藥情況，醫療費當然全部免費。而且，另有一週一次的家務支援，來幫他打掃房間、做家務事等。最後，又幫他找了一份可以領取報酬的簡單工作。

客觀說來，日本的社福制度已經為青葉做到無可挑剔的程度了。青葉在如此精心的監管護理制度之下，過起了他的社會生活，並且重新動筆寫小說，目標是「京都動畫大獎」。他花了數個月，耗費了巨大精力，完成了小說，但最終還是落選了。長篇小說因不符合應徵條件，一開始便被排除在審查對象之外。他極為失望，感覺自己被背叛了，然後逐漸萌生「有人施壓讓我落選」的妄想。之後，他在一個聚集了眾多小說作品的網站註冊，先後上傳了自己的作品，期待得到評價機會，卻因為沒人看，沒有讀者點評，只得退出該網站。此時是二〇一七年八月。

自此之後，青葉一直堅信京都動畫盜用了他的作品，被害妄想症愈來愈嚴重。由於過著晝夜顛倒的生活，他極力避免與人碰面。而且不知是不是公寓牆壁太薄，他說，他總是會聽到隔壁或樓上傳來的噪音。為了抗議公寓居民發出的噪音，他也發出噪音進行對抗，例如用揚聲器傳出大音量的重低音等。多次與公寓房東發生衝突，每次都需要住宅支援人員趕來介入。鄰居也因噪音問題而多次報警，每當警察出現時，青葉都會當場再三賠不是，並說一定會搬家、正在吃藥等。

二〇一八年一月，青葉燒掉了長期以來激勵著他，給他帶來希望的小說素材筆記本。青葉在法庭說明，他以為燒掉辛苦積攢了十年的小說創意素材，可以讓他自此放棄成為小說家的夢想，重新開啟自己的人生。不料，此行為竟適得其反，令他感覺彷彿失去了人生支柱，進而失去了重新做人的意志。

同年五月，一名男社康護士前來探訪時，按了門鈴，沒人應答，於是繼續敲門。過一會兒，青葉突然開了門，並用左手抓住男護士的領口，右手則握著一把菜刀，高舉在頭頂。青葉對著男護士大喊：「別再來煩我，否則我殺了你。」男護士認為青葉可能分不清現實和妄想，再三勸說，才讓青葉放下菜刀。男護士進了青葉的房間一看，發現青葉最喜歡的皮夾克和被子，都被用刀割成了碎片，電腦和遊戲機也被搗毀了。

這天，青葉起初堅稱不想說話，男護士耐心餵他吃藥、跟他聊天之後，他才漸漸放鬆表情，開口說起話來。青葉向男護士抱怨被竊聽、被公安盯上的妄想，以及隔壁房間傳出的噪音，例如衝馬桶的水聲、冷氣室外機的聲音等，令他無法入睡。剛才好不容易才睡著，卻響起門鈴和敲門聲，所以一時衝動，就拿著菜刀開了門。男護士聽青葉如此說明後，雖然呼叫了支援人員，但沒有報警。

不過，負責擔任青葉的社區生活的社福團隊，極為重視這起菜刀事件。事件發生後不久進行的一次診察，病歷上記載著青葉「情緒焦躁，煩躁不安」。社福團隊向當地的綜合醫院提出讓青葉住院的建議，但因為青葉沒有家人作保，醫院方面拒絕了。

二〇一八年六月，青葉的就業援助結束。青葉本人也因為無法整理自己的情緒，而不再去工作。有無工作，是能否讓前科者重新融入社會的一項極為重要的指標。青葉自己也想盡可能出去工作，自立生活，無奈精神障礙的惡化，讓他的生活變得一團糟，似乎也很難找到他做得來的工作了。同年十一月，青葉偶然在電視上看到京都動畫的一部動畫，深深陷入了京都動畫盜用了他的小說創意的荒誕妄想。

二〇一九年，青葉開始切斷連結他與社會的唯一接觸點——醫療和社福服務。二月起，他不再前去診所接受診察，這時，診所醫師為他寫了一封給精神科醫院的轉診信。然而，社康護士卻認為轉診可能會讓青葉就此中斷治療，社福團隊也擔憂如果中斷或停止服藥，很可能會導致青葉精神不穩定。結果，青葉只接受了一次精神科醫院的診察，雖然他略帶喜悅地向社康護士報告說，是院長親自給他診察，但他沒有繼續去精神科醫院就診。三月起，青葉不再接受社康護士的探訪，連手機也解除了合約。

三個月後，也就是二〇一九年六月，青葉在一家量販店買了六把長二十公分以上的刀刃。他策畫模仿「秋葉原無差別殺人事件」，在大宮車站進行大規模隨機殺人。而他也確實去了車站勘察，卻因為當時人群不夠密集而作罷。一個月後的七月十五日，他隨身帶著六把刀刃，搭乘新幹線前往京都；七月十八日上午，縱火焚燒了京都動畫第一工作室。

青葉在法庭表示，他對上門探訪的社康護士及社福專業人員，心懷感激，但另一方面，他又很想自己一個人生活，只是，最終還是無法與他們斷絕關係。事實上，除了這些醫護人員和社福人員以外，這世上再也沒有任何人會關心青葉了。可以說，這些社福人員是青葉的生命線。

當青葉不再去醫院就診，用手機也無法聯絡到，社康護士前來探訪時，無論按門鈴或敲門都沒有用時，社福團隊開始擔心青葉會做出危害他人的事情。四月，負責支付生活保護費的工作人員，前往青葉住居進行探訪調查，但青葉不開門，工作人員無法得知屋內狀況。為了能見到青葉並與他交談，工作人員考慮換成在社福事務所直接遞交生活費的方式。七月，社福團隊召開會議討論今後的方針，決定七月和八月繼續進行定期探訪，如果青葉仍堅持避不見面，九月開始改為親手遞交生活保護費。此時是案發前兩週。

如此看下來，可以想像，青葉的社會生活過得如履薄冰，岌岌可危。雖然社福制度運作良好，社福團隊也很努力設法想改善青葉日益惡化的處境，只是未能及時維繫住人際關係。青葉在他那狹小房內，每天胡思亂想，陷於絕望，繼而萬念俱灰，然後萌生一股毀滅性的憤怒感情，最後暴發出來。

一般說來，大多數人之所以不會犯罪，並非僅因為不想進監獄，而是他們不想失去一些珍貴東西。人生中有不少金錢買不到的珍貴東西，例如工作、家庭、友誼、人生目標、信任等，擁有愈多不想失去的東西，犯罪的可能性就會愈低。青葉本來有工作、人生目標、連結社會的人際關係，他卻主動丟棄了所擁有的一切。他自己在法庭也分析說：「回顧我自己的人生，我發現有一個共同點，那就是當我與他人完全斷絕聯繫時，會做出犯罪行為。可以肯定的是，在護理人員定期探訪那期間，我不會想去做出犯罪行為。」

青葉在縱火後，皮膚有九成三都是三級灼傷，是大阪府大阪狹山市近畿大學醫院的醫療團隊，盡一切所能對他進行了高度治療，才讓他得以獲救。只是，青葉所造成的傷亡損失實在太嚴重了，三十六人死亡、三十四人（包括肇事者）重輕傷，大樓全毀，以及許多動畫紙質歷史原畫和資料化為灰燼。而青葉的縱火動機，是他認為京都動畫剽竊了他的作品，經調查後，判明是無中生有的怨恨。這，教人情何以堪？

・北新地大樓縱火殺人事件——

二〇二一年十二月十七日，大阪發生了一起「北新地大樓縱火殺人事件」，兇嫌也是「無敵之人」。這起縱火事件造成二十七人死亡（包括兇嫌和診所院長），一人中度灼傷。火災現場是JR大阪站附近的繁華街，大阪市北區曾根崎新地的「堂島北大樓」，這是一棟八層混居樓，面向車水馬龍的道路。起火處是四樓一家心療內科（身心醫學科）兼精神科診所，診所面積僅有八十平方公尺，事件發生那天是星期五，而診所於每週星期五都有辦活動，因此當天聚集了將近三十名患者。

嫌犯是六十一歲的谷本盛雄。犯行當天上午十點多，谷本搭乘電梯來到四樓，進入診所後，將帶來的兩桶汽油，踢翻在地面，再用打火機點燃汽油，火勢迅速蔓延。監視器還拍到候診室裡的其他患者試圖逃向緊急出口時，谷本還往前用身體衝撞了他們，阻止他們逃生。谷本自己也因吸入煙霧，導致一氧化碳中毒，於案發後兩星期死亡。專家分析，谷本的例子與京都動畫縱火事件的青葉不同，相當於一種謀殺式自殺（extended suicide）。在美國，這種謀殺式自殺，自一九九〇年代以來便已經成為社會問題，日本則在二〇〇〇年代以後，始浮出檯面，成為社會問題。

谷本於二十五歲結婚，是一名擁有一級國家資格的熟練鈑金工人，妻子是護士，膝下有兩個兒子。二十七歲時還買了一棟三層樓房子，與家人一起居住了約二十年，後來搬到公寓，原本的房子出租給別人，每月房租收入是七萬日圓。他在四十八歲時離婚，離婚後第二年，他向妻子提出復婚要求，遭到拒絕，五十歲時無故曠工，消失了行蹤。五十一歲時，他在前妻居住的公寓與兒子一起喝酒，結果試圖用刀刺殺二十五歲的長子，被大阪府警察逮捕，後被判處四年有期徒刑。刺殺長子的原因是「想和家人一起死」。出獄後，住進了更生保護設施。

按規定，更生保護設施只能住半年，因此谷本在五十六歲那一年，住進了大阪浪速區某家簡易宿所。簡易宿所是只提供住宿的廉價宿舍，一晚約一千三百日圓。五十七歲那一年，住進了繼承自父親的房子，並因失眠症而前往前述的心療內科診所看病拿藥。他父親的房子沒有浴室，也沒有廁所，老舊得既無房地產價值，也不適合人居住，但為了申請生活保護費，只能聽從區公所公務人員的建議。但不知為何，兩次申請生活保護費都沒有通過。

二〇二一年一月，谷本已經將所有錢都用光了，銀行帳戶餘額為零，因付不起電費和瓦斯費，電氣和瓦斯全被斷掉，於是在六月又回到以前居住的房子。舊居因谷本未繳房地產稅款，早在四年前便被充公，當然沒有電氣和瓦斯，更沒有任何家具。據說，谷本在此時便已經開始策畫作案了，目的是「至少在死時可以受到大眾關注」。十二月十七日，谷本終於著手作案。

雖然犧牲者多達二十七人，但因為谷本也死了，也就無從查考他的犯案動機，只知道，那家診所是他跟社會的唯一交接點，而且他在那家診所已經掛號過上百次，極為熟悉診所內的擺設與活動及患者數。案發前兩星期，谷本最後一次去就診時，還特地暗中封住了診所內的消防栓箱。總之，警方於事後經過各種現場查證與模擬實驗，得出「這是一起殺意強烈、計畫縝密的案件」之結論。不過，「殺意強烈」並非表示谷本對診所院長或患者懷有恨意，動機應該跟十年前那起刺殺家人未遂事件一樣，都是不想自己一個人孤單死去，想拉著跟自己距離最近的人一起赴死，而且陪死的人愈多愈好。

至於谷本的原生家庭，其實也有兄弟姊妹，只是他母親在谷本讀高中時即病歿，而谷本在二十歲時即離開了原生家庭。谷本三十歲時，父親過世，他久違多年回到原生家庭奔喪，卻因為家業繼承問題，與長兄鬧翻了臉，之後便與原生家庭斷絕了關係。如果谷本與原生家庭的兄弟姊妹保持良好關係，區公所也讓他通過生活保護費申請的話，是不是就不會發生日後的慘劇呢？

・安倍晉三槍擊事件——

另一起事件，犧牲者僅有一人，影響範圍卻波及了半個地球，更讓日本這個國家縮回了欲邁入自立自強之途的第一步，那就是二〇二二年七月八日發生的「安倍晉三槍擊事件」。

行刺者山上徹也，可以說是「超級無敵之人」，任何「無敵之人」與他相比，都會大為遜色。目前，浮出水面上的行兇動機，是他母親遭統一教洗腦，導致家破人亡，傾家蕩產，而他認為安倍晉三是統一教的支持者，因而決定暗殺安倍晉三。行凶道具是山上徹也自行設計的土製槍枝。安倍晉三的死因是失血過多。

總之，無論行凶動機、犯案凶器，或是安倍晉三於事發當天的助選行程、演說現場的警備體制，以及安倍晉三的子彈創傷、體內沒有留下子彈等，疑點重重，都缺乏合理解釋，令許多人無法信服。可以確定的是，這起暗殺事件，很可能會步入「美國總統甘迺迪遇刺案」後塵，不僅無法得知真相，也無法尋出其他槍手的行蹤了。

老害vs.若害

ろうがい／Ro-gai vs. じゃくがい／Zyakugai

・被年輕人嘲笑的高齡者——

「老害」這個詞，光從字面上看去，也能感受到其含義不佳，甚至可以說是惡意滿滿。所謂「老害」，指的是伴隨年齡增長而出現的弊端，對象通常是一些在企業或政黨中，以年齡和經驗為擋箭牌，死不要臉地持續掌握權力的年長者，以及在一般社會中，不聽周圍人的意見，不斷製造麻煩的老年人。雖然「老害」沒有具體的年齡定義，但主要用於高齡者世代。不過，即便是四十代或五十代的中年人，倘若在職場或在家中，總是堅持己見，並將自己的觀點強加給下屬或家人，或經常向下屬及家人滔滔不絕講述自己過去的英雄事蹟，那麼，無論年齡大小，都有可能被視為「老害」。

日本年輕人經常用「老害」一詞嘲笑高齡者，即使你不認為自己是「老害」，只要你的行為讓周遭人感覺很煩，他們就很可能在背後把你視為「老害」。例如因一些雞毛蒜皮小事而發怒，或是不讀現場空氣而說出不著邊際的言論，或是反覆提起自己的過往榮光。這樣的高齡者，即便過去在某方面很成功，也會被年輕人貼上「老害」標籤。

二〇二三年十月某日，有一名男士在日本X（以前的Twitter）上，發表了一則「老害意見」推文，結果「炎上」了，燒得又紅又旺，不但成為X熱詞，還被列入趨勢列表。內容是：「這也許是一種老害意見，但我認為，如果有年長者請年輕人喝酒，年輕人最好在第二天早上第一時間，再度當面向年長者道謝。第二天若是遠距辦公，也可以利用Line Works或Slack道聲謝。」這名男士又說明，最近的二十代上班族，即便前一天有職場前輩帶後輩去喝酒，但第二天都沒有人再度向付帳的人道謝，讓他感到很驚訝。

肯定派的人頷首贊同：「這不是老害意見，是一種理所當然的禮儀」、「現在的年輕人，真的不懂得向人道謝」、「大家要自覺這種事對人際關係很重要」、「有人願意公開這樣說，表示還有救」等；否定派的人則搖頭反駁：「在那之前請不要邀我參加酒席」、「我討厭被邀請，很想辭職」、「當場道個謝就夠了，沒必要第二天再度道謝」、「不符合當今時代了」、「既然人家陪你喝了酒，應該是年長者向年輕人道謝」、「先付了加班費再邀人家去喝酒吧」、「道謝是強求不來的」等。

甚至有人回應說：「以前當我是被邀請的立場時，我很討厭這種第二天再度當面道謝的職場文化，所以輪到我成為應該付帳的立場時，我就取消了這種職場規矩。」另有一名二十代後半的年輕人回應說：「新冠疫情爆發之前，我習慣在第二天一早再度道謝。但是，疫情期間，第二天若再度道謝，相當於在告訴其他人說，我們昨天去喝酒了，因此疫情期間及疫情結束後，我們公司就沒有這種翌日道謝文化了。沒想到原來有些公司又恢復了這種職場文化。」

發推文的那名男士，於事前完全沒有預料到自己的推文會「炎上」，似乎大吃一驚，第二天立即發出一則道歉聲明：「很抱歉，我的意見成為一種單方面的忠告，沒有考慮到在酒席上遭受過不愉快經歷的人的心情。」

大體說來，不少二十代年輕人認為，只要當場道了謝，第二天就沒有必要再度當面道謝。但上了年紀的職場老手則認為，當場道謝是禮儀，也就是理所當然的社會基本規範，第二天再度當面道謝是禮節。在日本，見人要主動打招呼、隨口說出「請、謝謝、對不起」、在公共場合不能大聲喧譁、不能亂丟垃圾、搭乘公共交通工具時不能吃東西也不能講電話等，這些都是天經地義的社會規矩，也就是「禮儀」。而禮儀與禮節又不同，舉例來說，早上見面道聲早安是禮儀，但與他人交談時要直視對方則為禮節。簡單說來，禮儀是為人處事的最基本態度，但禮節則為出自內心的個人修養，也是一種處世之道。

最典型的例子是酒席上的「第一杯啤酒」。意思是，多數人聚會喝酒時，第一杯一定是啤酒。這種商務禮儀習慣，並非昭和時代那種為迎合上司的權力騷擾心態，而是為了確保所有人都能馬上得到飲料，以便能同時舉起杯子互相敬酒。只要無需讓任何人等待，順利完成了第一杯的敬酒儀式，宴會就算成功了。而「無需讓任何人等待」是出自禮節心態，「第一杯啤酒」則為酒席規矩，也就是酒席禮儀。之後就隨便你想點燒酎或清酒都可以。

話說回來，對於該則「老害意見」推文，採第三種態度的人也不少。那就是：「既然對方請了客，道謝是應該的，第二天在職場碰面時，再度道謝也是應該的，沒必要特意自我貶低為『老害意見』，也沒必要劃分年長者及年輕人的界線。」

說得很有道理。無論年齡性別，不尊重禮儀常識的人，最終都會被社會所孤立。即便自己是年長者，對方比你年輕許多，但時時向對方表達感激之情，既是一種處世之道，也是一種生存藝術。只是，不過是發一則「第二天最好再度當面道謝」的自言自語推文而已，為何要設置一條「特意自我貶低為『老害意見』」的防線呢？換個角度來看，這是不是表示，日本已經成為年長者不能隨意公開發表意見的社會了呢？而且，也凸顯出，「老害」這個詞，似乎已經不再是專指某些會做出令人蹙眉的行動的老年人了，而是泛指所有五十歲以上的年長者，甚至成為用來加深世代對立問題的小道具。

按人口結構來看，目前的日本，每十個二十歲以上的成人中，就有六個是五十歲以上的人；若縮小範圍光看上班族的老闆，大約有八成以上的公司企業經營者，都已經超過了五十歲。那麼，難道日本的公司企業中，放眼望去都是「老害」嗎？不可能吧。換句話說，無論自稱或他稱，日本的社群媒體平台充斥著「老害」這個詞的現象，是不是表示五十歲以上的人，在日本社會已經逐漸站不住腳了呢？

・令長輩感到困惑和反感的年輕人——

好笑的是，最近又出現了「老害」的反義詞「若害」（じゃくがい／Zyakugai），用來形容言行舉止明顯會令周遭長輩感到困惑和反感的年輕人。為什麼被稱為「若害」的年輕人正在增加呢？據說，原因與少子化、人力資源短缺，以及年輕世代所處的社會背景有關。

少子化以及人力資源短缺，導致日本的就業市場一直處於供不應求的「賣方市場」狀態，年輕人的需求量非常大。因此，最近的日本年輕人不怕找不到工作，他們普遍認為沒必要死守在特定企業，若不滿意眼下的職場，隨時都可以跳槽到其他公司。尤其是擁有四年制大學畢業證書的學生，以及具有特殊技能和經驗的學生，無論到哪家企業，都極受歡迎，企業甚至視他們為「顧客」。

此外，許多年輕人都是在長輩們的關愛中成長，缺乏被拒絕或被批評的經驗。因此，比起年長者，現代年輕人較少經歷失敗和挫折，往往會給人一種嬌氣十足且脆弱的印象。再者，他們小時候就透過父母經歷了美國的九一一事件、網路經濟泡沫崩潰，自己又親身經歷了三一一東日本大震災、新冠病毒疫情、俄羅斯入侵烏克蘭等，致使他們形成了「不知何時會發生何事」的人生觀。加之，許多人缺乏與上一代人或祖父母輩的互動經驗，所以不擅長與年長者溝通，但善於與同儕交換資訊。

舉例來說，某天，新員工無故曠工，職場前輩聯繫到他時，他竟回說「今天要請一天有薪假」。原來他不知道有薪假必須至少在兩天前提出申請書。此外，不少新員工不知如何使用敬語，就連最基本的稱呼也不懂，有些人竟然稱呼職場前輩為「哥哥」、「姊姊」，而且與顧客交談時使用平輩用語。工作失敗時，前輩多說了兩句，他們就會當場嚎啕大哭。還有，不懂服裝禮儀也是「若害」的特徵之一，例如疫情期間遠距上班時，大家舉行線上會議，新員工竟然穿著睡衣出現在螢幕中。實際上班時，白襯衫裡面又穿著花俏T恤，圖案清晰可見。

不接電話也是「若害」的特徵之一，不管職場前輩打了幾通電話，通通不接，若換成電子郵件聯繫，則會立即回應。除了不接個人電話，他們也不懂得該如何接聽公司的電話，因此，有不少日本企業，於數年前便開始對新員工進行如何接聽電話的培訓。公司方面準備了台詞手冊，在新員工面前示範接聽電話，才讓新員工學會了商務禮儀的電話應對。

最明顯也最令人無語的特徵，應該是無緣無故就辭職，而且辭職時還透過辭職代理公司的人代為處理。例如入職三個月後，當職場同事都以為該人已經適應了工作環境，與同事也相處得相當融洽時，人事部竟突然接到一家辭職代理公司打來的電話，告知該人要辭職，而辭職理由等詳細內容一概不透露。

據說，「若害」增加的原因，不僅是當事者的問題，有時候原因出自父母身上。例如父母要求查看公司規則手冊，或由父母代當事人向公司請假，辭職時也讓父母前往公司辦理手續及領取私人物品。換句話說，凡事依賴父母的現代年輕人愈來愈多。

「若害」增加的最大因素，說來說去還是人手不足，三十代人雖然也處於少子高齡化的社會，但他們其實也間接受到了雷曼兄弟事件所引發的金融危機影響，沒能得到多少實惠。日本是近五年來才形成真正的「賣方市場」，而「若害」的比率也集中在「數位原住民」的Z世代，這個世代的人，即便辭職了，也很容易找到新工作，所以完全沒有必要死守在第一家企業。

少子化令年輕人增加了稀有度，成為搶手貨，不僅企業公司，就連補習班、學校、打工定點，年輕人都供不應求。他們從小就在成年人的寵愛光環中成長，沒有競爭對手，沒有接受過他人的批評，習慣了四周人的讚美，因此會禁不住任何打擊。簡單說來，就是玻璃心，一點小事，就會碎滿地。

而當「老害」遇上「若害」時，到底會怎麼樣呢？

最近恰巧有一起「老害vs.若害」的鬥爭，在日本網路世界掀起了陣陣波瀾。這是日本藝人勝俣州和，在某綜藝節目中透露出的幕後花絮。據說，九〇年代後半在日本紅透半邊天的台灣藝人Vivian Hsu（徐若瑄），於二〇二三年，久違多年再度來到日本，與往昔的晚間黃金檔綜藝節目《火焰大對抗》（ウッチャンナンチャンのウリナリ!!）固定班底，一起拍攝外景。這些伙伴包括了樂隊「黑色餅乾」（ブラックビスケッツ）組成成員的「小南」（南原清隆）、天野博之、VIVIAN，以及樂隊「口袋餅乾」（ポケットビスケッツ）組成成員的「小內」（內村光良）、千秋、宇藤鈴木（ウド鈴木）等人，勝俣州和也是當年的固定班底之一。

拍外景聚餐時，由於VIVIAN年紀最小，勝俣州和便吩咐VIVIAN「分盛給大家」，意思是，要VIVIAN取吃食一一分給大家。坦白說，對昭和世代人來說，這種吩咐是理所當然的事，何況勝俣州和比VIVIAN大了十歲，就連同為女性的千秋也比VIVIAN大了四歲，讓年紀最小的伙伴（而且是女性）分盛食物，並非職場霸凌或職場暴力。然而，工作人員卻當下阻止了，並對勝俣州和提出忠告：「這是一種老害行為。」勝俣州和抗議道：「讓後輩做這種照顧前輩的暖心行為，可以讓後輩加速融入團隊。」這確實是昭和世代體育系人的習慣，也是日本職場的舊習。但工作人員只說了一句「即便這樣，我們拍了也無法播放」，就把勝俣州和給擊敗了。

工作人員說得沒錯。當今這個時代，不管你們當年是如何親密的伙伴，也不管你們之間的年齡大小及性別，這樣指使後輩，而且對方是女性，這種鏡頭即便拍了下來，也絕對無法在電視節目中公開播出。否則，包準會於事後接到數不清的抗議電話，並在網路世界引發眾人撻伐。

勝俣州和在節目中抱怨道：「我們在什麼權力騷擾、職場暴力、性騷擾中，好不容易才在電視節目中趴開一條路走到了今天，現在又碰到名為老害的牆壁不斷豎立了起來……到底什麼是老害？」接著又補充道，「所有昭和世代的人，現在都變成了老害。對我們來說，這樣指控我們的年輕人，不正是一種有害的存在嗎？若害真的讓我們很傷腦筋。我們和前輩們一起努力打造出來的團隊精神與團結心，不是都會崩潰嗎？」

確實，昭和世代人的許多常識，在現代已經無法通用了。例如有些年輕人在聚餐時，不懂得先說一句「いただきます」（itadakimasu／感謝食物及料理人），也沒在用餐結束時說句「ごちそうさま」（gochisousama／向食物及料理人表達吃得很好的謝意），若在以往，應該會有昭和世代的年長者加以指點，但現今可能沒有人敢再出聲提醒了，只會在內心給對方打下一個「家教欠佳」的標籤。

話說回來，眾人聚餐喝酒時，前輩或男性吩咐屬下或女性分取食物給其他人，是一種權力騷擾、老害行為的話，年輕女性或女性屬下主動分取食物給其他人，這種自我推銷「女子力」的行為，又該算是什麼樣的騷擾呢？

自己責任論

じこせきにんろん／Jikosekininron

所謂「自己責任論」，是指基於自己所選擇的行為，而引發的所有後果，都應該由自己承擔。簡單說來，就是「自作自受」。日本近年來因兒童貧困、差距社會問題，以及長期的新冠肺炎疫情影響等，導致在社群媒體平台的熱門話題中，經常出現「自己責任」這個詞，甚至已經成為主流社會觀念之一。

「自己責任論」觀念，最初存在於日本菁英階層，現在已經普遍滲透於普羅大眾中。由於「自己責任論」沒有明確定義，因此可以有許多不同解釋。例如，年輕時如螞蟻般勤奮工作，退休後便會有回報，除了可以領取一筆優渥的退休金，另有終生可以領取的年金；反之，年輕時如蚱蜢般不務正業，老了之後便會因為缺乏老本，淪為既租不到住居亦無年金可領的「下流老人」。又例如，因為自己的行為導致自己陷入危機，就應該自己承擔責任，不應該向他人求助。而支撐這些社會觀念的基礎，追根溯源，正是日本人的「不能給別人添麻煩」的價值觀。

・聖戰士團體劫持三名人質事件——

二〇〇四年，「自己責任」這個詞，登上了年度流行語排行榜前十名榜單中。當年四月，伊拉克一個沒沒無聞，自稱「安巴爾聖戰士軍團」的團體，劫持了三名日本人，要求日本在三天內從伊拉克撤出人道援助部隊的自衛隊，否則將燒死人質。三名人質包括兩男一女，其中一名是攝影記者（三十二歲男性），兩名是民間志工（三十四歲女性、高中剛畢業的十八歲男子）。當時的日本首相是小泉純一郎，主張在伊拉克的日本自衛隊，是為伊拉克民眾提供重建復興支援活動，所以沒有理由撤出伊拉克，拒絕了該團體的要求，並誓言絕不會屈服於恐怖組織。

日本社會大眾及輿論，起初都極為擔憂人質的安危，每天密切關注事件發展過程。但當人質家屬召開記者會時，竟然不批評伊拉克的肇事者，反而疾言厲色地指責日本政府，並要求自衛隊從伊拉克撤軍。之後，人質家屬平時的反日活動也被揭露了出來，於是，一般大眾及輿論便掀起了一股「自己責任論」旋風。尤其當三名人質於一星期後獲釋，回國接受採訪時，均表示「今後仍會前往伊拉克進行活動」，而且，女性人質甚至還一副事不關己、舔著糖果接受採訪的態度，更令日本民眾認為他們其實是政治活動家，以「人道」為藉口，在進行反美、反日活動。加之，當時某參議院議員透露，為了拯救三名人質，政府花了大約二十億日圓的開銷。結果，輿論一片譁然，連平日很愛發表反日思想的傳統媒體，也加以口誅筆伐。最後，三名人質再度召開記者會，以低姿勢正式向社會謝罪認錯，承認自己的行為過於輕率魯莽，這才總算告一段落。

不過，在社會大眾進行聲討之前，便有不少政治界的領導級人物，一致公開表示對人質的不滿。第一個發出「自己責任論」論調的政治人物，是當時任職環境大臣，現任東京都知事的小池百合子，於事件發生後第二天，即向媒體聲言：「（三人）這不是太魯莽了嗎？他們執意前往普遍認為危險的地方，很大程度是他們自己的責任。」

小池百合子說得沒錯。當時政府早就發出了伊拉克退避公告，是人質不理會政府的公告，擅自進入了紛爭地區。其他如文部科學大臣表示，「自己責任這個詞可能有點苛刻，但我們在行動時必須考慮到發生這些事情的可能性」；經濟產業大臣更明說，「（想去的人）請便，但萬一發生了緊急情況，請自行負責」。而小泉首相在得知人質「今後仍會前往伊拉克進行活動」的聲明後，面帶怒色公開譴責：「儘管他們是出於善意，但都遭遇了如此慘痛的災難，而且多數政府人員為了營救付出了巨大心力，竟還能說出這樣的話？我希望他們有自知之明。」

就連內閣官房長官也在人質解放後翌日，針對是否要向三名人質要求賠償損失的問題，表明「我認為等他們回國，好好冷靜思考後再做判斷」；科學技術廳廳長則明言，「我希望（政府）能明確表明這是他們自己的責任。為什麼要包機（讓三人離開伊拉克）？何況其中一人表示想繼續留在伊拉克，雙方明顯存在著共識問題」；公明黨祕書長指出，「救援花費了巨額資金，但沒有人掌握實情。我們通宵達旦工作了七天，應該向國民公開（開銷數字）」；防災大臣更在同一天強調，「（人質）家屬應該先表達（給社會）添了麻煩之類的歉意，哪有人會劈頭就要求撤走自衛隊呢？」（以上發言皆刊載於二〇〇四年四月二十日《朝日新聞》）

為什麼這些領導級政治人物會說得這麼白呢？因為除了二十億日圓的救援經費，另有約旦要求的兩千億日圓債務豁免（人質是從約旦首都安曼出發前往伊拉克途中遭劫持），以及股價暴跌造成的損失十三兆日圓等，或許還有其他至今仍未被揭露的損失。「通宵達旦工作了七天」應該是事實，畢竟是國家與國家之間的交涉談判。此外，根據作家麻生幾於二〇〇六年十一月發表於《週刊文春》的文章，指稱，當時政府還制定了一項「巴比倫櫻花」計畫，打算派遣海上自衛隊特種部隊前往巴格達，與駐紮巴格達的美軍聯手救出人質。只是，人質家屬始終堅決拒絕美軍參與，一味要求撤離自衛隊，「巴比倫櫻花」計畫最終並未實行。

此外，聚集在人質家屬四周的人，都是與一般民眾格格不入的人，例如極左派極端分子、人肉盾牌，以及左翼政治活動家等。基於種種疑惑，最終出現了這起事件可能是一場自導自演的政治活動說法。真相如何，至今仍無人可解。

・蓋達組織綁架自助旅遊青年──

同樣在二〇〇四年發生的另一起伊拉克人質事件，後果則極為悲慘。事件發生於十月，自稱「伊拉克聖戰阿爾蓋達組織」團體，綁架了一名日本青年自助旅遊者，要求日本政府在四十八小時內，撤離駐留在伊拉克南部薩瑪沃的自衛隊。對此，日本政府一方面向二十五個國家，以及穆斯林神職人員提出協助請求，另一方面向恐怖組織拒絕了撤軍要求。與此同時，日本警察廳也派出國際恐怖主義緊急部署小組（TRT-2）前往現場，與當地組織合作，著手收集該犯罪集團的組織背景、拘留地點等資訊。

遺憾的是，恐怖組織發表了綁架聲明的四天後，該青年即被斬首，斬首過程影片甚至被公開在網路。由於青年家屬發表了聲明稱，「我兒子是基於自己責任進入了伊拉克，是打算自擔風險的行為」、「我們希望他的死不會被利用於政治目的」。也因此，這起事件的社會氛圍與三名人質事件完全相異，社會沒有出現情緒化的批判，媒體也相對平靜地進行了報導。犧牲者當事人在被公開的影片中，只說了兩句話：「非常抱歉。我很想再度回日本。」

他沒有求救，沒有說出任何「請政府救我」、「請大家救我」之類的話。只要是日本人，應該都可以從這兩句話聽出青年的心情。他認命了，他知道政府救不了他，而為了日本的家屬，他先向日本社會道歉，然後留下「我很想再度回日本」的遺言。「我很想再度回日本」這句話，隱藏著他的後悔、判斷錯誤的自覺、悔不當初的感情，但一切都太晚了，已經無法彌補了。青年是基督教信徒，而且只是個沒有錢的背包客，毫無政治背景，為何選擇了進入伊拉克這條危險重重的旅途呢？遭斬首那一刻，青年的胸中到底浮現出何樣畫面呢？

之後，二〇一四年八月至二〇一五年二月，兩名日本人先後在敘利亞遭ＩＳＩＬ（活躍於伊拉克、敘利亞地區的極端恐怖組織，自稱「伊斯蘭國」）綁架，該組織要求日本政府在七十二小時內付出二億美元贖金。當時的日本首相是安倍晉三，於二〇一五年一月十六日前往中東四國進行訪問。安倍首相於一月十七日在開羅發表演講，宣布將提供二億美元的無償資金支援難民。一月二十日下午，ＩＳＩＬ即在網路公開了一段劫持日本人質的影片，並要求二億美元贖金。雖然日本政府與約旦政府聯手努力營救，最終仍以慘劇落幕。ＩＳＩＬ於一月二十四日公開了殺害人質之一的影片，又於二月一日公開了殺害另一人質的影片。

日本政府始終堅持「不屈服於恐怖主義」、「不與恐怖組織談判」的態度應對，這是國際原則，也是一九七三年Ｇ７首腦宣言中的反恐對策方針。再者，日本政府於一九七七年就吃過了恐怖組織的苦頭。一九六〇年代後半至一九七〇年代，日本新左翼極端主義組織（例如日本赤軍），發動了多起恐怖事件與劫機事件。特別是唯一獲准運營國際航班的日本航空公司，多次在國外或日本國內受害。日本恐怖組織的最後一次恐怖行動，正是一九七七年九月二十八日發生的「卡達日本航空班機劫機事件」。

當天，日本航空四七二號班機從巴黎起飛，目的地是東京羽田機場。班機暫時停靠在印度孟買，從孟買起飛不久後，五名日本赤軍的恐怖分子即劫持了班機，要求班機飛往孟加拉國的首都達卡。抵達達卡後，劫機犯要求日本政府釋放六名正在服刑或被拘留的日本赤軍成員，以及六百萬美元贖金，以換取機組人員與乘客的性命。

當時的日本首相是福田赳夫。福田首相聲稱「人命重於地球」，全盤接受了劫機犯的要求。由於日本政府向恐怖分子低頭，結果，讓更多恐怖分子散落在全世界作惡，被釋放的日本赤軍成員也繼續發動恐怖行動，令日本政府在國際社會飽受批評，在國內也受到強烈的輿論壓力。巧合的是，當時的福田赳夫首相的兒子福田康夫，正是小泉內閣的官房長官（國務大臣），也就是伊拉克三名人質事件的內閣。換句話說，父子兩代都遭遇了恐怖組織的人質綁架事件。

話說回來，ISIL綁架的兩名日本人，其中一人名為湯川遙菜，四十二歲，經營私人軍事服務公司，主要販賣武器與醫藥品，多次出入敘利亞；另一人是資深自由記者後藤健二，四十七歲。兩人相識，曾一起出入伊拉克。湯川遙菜於八月先被綁架，後藤健二為了營救朋友，於十月進入敘利亞。日本外務省在後藤出國之前，曾三度試圖阻止，兩次利用電話勸說，一次直接面談，都無法制止後藤前往敘利亞的決定。後藤在遭綁架之前，留下了「無論發生什麼事，都是自己的責任」信息。結果，兩人最終都於二〇一五年一月、二月先後遭斬首。後藤遭斬首的影片甚至被公開在網路。

日本政府於二〇一四年八月接到湯川遙菜遭綁架的消息後，立即在約旦首都安曼的駐約旦日本大使館，設置了現場對策總部。安倍首相再三與巴勒斯坦自治政府總統、埃及總統、土耳其總統、約旦國王等，利用電話會談請求協助，並分別在首相官邸地下室、外務省本部、警視廳等，設置了現場對策總部。約旦政府也一度與ISIL恐怖組織談攏了條件，以交換人質的條件，預計釋放後藤健二，很遺憾，最終未能實現。

針對此事件，除了一部分，日本社會沒有掀起針對人質的「自己責任論」批判，反倒有六成以上的人，贊許安倍首相不屈服於恐怖組織的做法，甚至連政府批判層也支持安倍內閣對恐怖組織的應對態度，內閣支持率上升了五%。只是，有專家認為，之前遭ISIL扣押的人質中，只有美國、英國、法國等少數人質實際被殺，西班牙、義大利、德國、土耳其等，許多國家都營救成功，為何安倍內閣會營救失敗？也有專家表示，不該在約旦設置現場對策總部，因為約旦曾與美國聯手空襲過ISIL占領區，應該選擇土耳其代為交涉。土耳其沒有參與空襲，而且具有營救四十九名人質的成功經歷。事實上，約旦政府曾一度交涉成功，途中突然改變了營救方針，有專家認為，可能是美國在幕後施壓，故意不讓ISIL得逞。

總之，這類恐怖組織綁架人質事件，內情極為複雜，許多國家參與其中，國家與國家之間的利害關係又不一致，很難判斷政府的應對態度或方式正確與否。而且，當時的日本媒體與日本社會均陷於一種「自肅」氛圍，深恐若進行深度報導，可能會刺激到恐怖分子，反倒對人質不利。

・「自己責任論」的隱憂——

歸根究底，廣泛滲入日本社會的「自己責任論」觀念，起點確實是二〇〇四年的伊拉克三名人質事件。

「自己責任論」觀念確實可以增強個人的責任感與決心，從而促進個人成長。但是，「自己責任論」若超過限度，人們就很容易陷於一種「一切都是自己的責任」桎梏中，日以繼夜地累積壓力。此外，不僅對自己要求嚴苛，對別人也會變得過於苛刻，有時因過分追究對方的失敗，而導致對方失去了幹勁。況且，許多問題其實不能歸咎於

「自己責任論」。

例如在教育界，出於「自己責任論」觀念，有人認為「既然所有人都可以接受義務教育，能否在社會上出人頭地，就看個人的努力了」。不過，根據早稻田大學副教授松岡良二的研究，教育差距的根本原因是「社會經濟地位（SES）」。日本在一九七〇年代成為「一億總中流」社會，大多數人都可以升學進高中，大學升學率也大幅上升，但出身背景所帶來的相對差距並未縮小。

即便在網路普及的現代，儘管許多人可以平等接受高等教育，但在社會經濟地位不怎麼優渥的家庭中，大約有兩成七的孩子，缺乏安靜的學習場所。也因此，教育差距無法歸咎於「自己責任論」。簡單說來，就是沒抽中「父母扭蛋」。一個人的最終學歷，取決於當事人無法控制的初始條件，而這個起跑點正是出身背景。出身背景是造成個人收入、職業、健康等各種差距的起因，而日本正是一個基於出身背景，導致人生選擇和可能性都會受到很大程度限制的「寬鬆的階級社會」。

不巧的是，在日本社會散播「自己責任論」觀念的領頭羊，竟然都是家世背景極佳的政治界領導級人物。

國家圖書館出版品預行編目(CIP)資料

一億總下流？——老害、少子化、多死社會……
老人國日本的社會難題與國家危機／茂呂美耶著.
-- 初版. -- 臺北市：麥田出版：
英屬蓋曼群島商家庭傳媒股份有限公司城邦分公司發行,
2025.03
面； 公分. -- （Miya；11）
ISBN 978-626-310-812-7（平裝）
1. CST：老年化問題　2. CST：人口結構　3. CST：日本
544.81　113018249

Miya 011

一億總下流？

老害、少子化、多死社會……老人國日本的社會難題與國家危機

作者　茂呂美耶
責任編輯　林秀梅

版權　吳玲緯　楊　靜
行銷　闕志勳　吳宇軒　余一霞
業務　李再星　李振東　陳美燕
副總編輯　林秀梅
總經理　巫維珍
編輯總監　劉麗真
事業群總經理　謝至平
發行人　何飛鵬

出版　麥田出版
台北市南港區昆陽街16號4樓
電話：886-2-25000888　傳真：886-2-25001951

發行　英屬蓋曼群島商家庭傳媒股份有限公司城邦分公司
台北市南港區昆陽街16號8樓
客服專線：02-25007718；25007719
24小時傳真專線：02-25001990；25001991
服務時間：週一至週五上午09:30-12:00；下午13:30-17:00
劃撥帳號：19863813 戶名：書虫股份有限公司
讀者服務信箱：service@readingclub.com.tw
城邦網址：http://www.cite.com.tw
麥田部落格：http://ryefield.pixnet.net/blog
麥田出版 Facebook：https://www.facebook.com/RyeField.Cite/

香港發行所　城邦（香港）出版集團有限公司
香港九龍九龍城土瓜灣道86號順聯工業大廈6樓A室
電話：852-25086231　傳真：852-25789337
電子信箱：hkcite@biznetvigator.com

馬新發行所　城邦（馬新）出版集團
Cite（M）Sdn. Bhd.（458372U）
41, Jalan Radin Anum, Bandar Baru Seri Petaling,
57000 Kuala Lumpur, Malaysia.
電話：+6(03)-90563833　傳真：+6(03)-90576622
電子信箱：services@cite.my

設計　江孟達
印刷　沐春行銷創意有限公司

定價　450元
ISBN　978-626-310-812-7
9786263108110（EPUB）
初版一刷　2025年2月27日